Elsbeth Bihler

Kommt und seht

Handreichung 2

Elsbeth Bihler

KOMMT UND SEHT

Handreichung 2

Elterngespräche – Spiele – Kopiervorlagen

Lahn-Verlag Limburg

Die Deutsche Bibliothek –
CIP-Einheitsaufnahme

Bihler, Elsbeth:
Kommt und seht / Elsbeth Bihler. –
Limburg: Lahn-Verlag
Handreichung 2. Elterngespräche –
Spiele – Kopiervorlagen. –
2. Auflage – 1995
ISBN 3-7840-3110-2

2. Auflage 1995

© 1993 Lahn-Verlag Limburg
Lektorat: Dr. Stefan Ohnesorge
Umschlaggestaltung: Harald Gliesche
nach einer Vorlage von Elsbeth Bihler
Satz: Typo Schröder, Dernbach
Druck: Bonifatius GmbH, Paderborn

ISBN 3-7840-3110-2

Inhalt

Vorwort

In vielen Gemeinden wird nun schon die Kommunionvorbereitung mit »Kommt und seht« durchgeführt. Ein wesentlicher Schwerpunkt dieser Vorbereitung besteht darin, daß Eltern den Weg der Vorbereitung gemeinsam mit ihren Kindern über ein Kirchenjahr hin gehen. Im Zusammenspiel von Kindern, Eltern, Gemeinde und Schule werden in dieser Vorbereitungszeit vielfältige Erfahrungen gemacht, zum großen Teil angeregt durch das »Werkbuch zur Erstkommunion- und Beichtvorbereitung für Eltern und Kinder.«

Wenn Eltern ihre Kinder in der beschriebenen Form begleiten sollen, bedürfen auch sie der Vorbereitung und der eigenen Auseinandersetzung mit den Inhalten des Glaubens. Für viele Eltern beginnt der Zugang zum Glauben wieder ganz neu. Wie Zugänge methodisch gestaltet werden können, hängt ganz von der Gruppe und dem/der Gesprächsleiter(in) ab.

In Gesprächen über die Kommunionvorbereitung mit »Kommt und seht« wurde ich häufig nach Hilfen gefragt, die den Katechet(inn)en für die inhaltliche Erschließung der Kapitel mit den Eltern an die Hand gegeben werden können. Dies ist ein Aspekt der vorliegenden Handreichung. Es werden keine fertigen Entwürfe für *Elterngespräche* vorgelegt, sondern zu jedem Kapitel wird eine Menge unterschiedlicher Bausteine und methodischer Möglichkeiten angeboten, die jede(r) Katechet(in) für seine/ihre Gruppe und nach seinen/ihren eigenen Fähigkeiten auswählen und zusammenstellen kann.

In der Praxis hat es sich erwiesen, daß es für Gruppen immer wieder sinnvoll ist, durch Spiel zu lernen bzw. Erfahrenes und Gelerntes im Spiel umzusetzen. Außer den beiden Spielen, die schon im Werkbuch vorgestellt wurden, werden deshalb noch andere *Spiele* zu Inhalten des Werkbuches angeboten. Des weiteren werden *Kopiervorlagen* (Legebilder und -kärtchen) zum Erzählen von zentralen Geschichten bzw. zum Erarbeiten von wichtigen Inhalten bereitgestellt. Auch hier handelt es sich nicht um fertige Spiele oder Figuren, sondern um Vorlagen, die selbst fertiggestellt werden sollen.

Allen, die gemeinsam den Weg der Kommunionvorbereitung gehen, möge die zweite Handreichung zum Werkbuch »Kommt und seht« eine Hilfe sein.

Elsbeth Bihler

I. Elterngespräche

1. Einführung

Wenn wir in der Gemeinde mit Eltern und Kindern gemeinsam den Weg der Kommunionvorbereitung im Kirchenjahr gehen, dann ist es wichtig, daß wir uns mit den Eltern, den Kindern und den Familien befassen.

Für die Beschäftigung der Eltern mit den Kindern bildet das Werkbuch »Kommt und seht« den Leitfaden.

Wenn Katechet(inn)en mit Eltern ein Gespräch führen wollen, bedürfen sie dagegen der weitergehenden Hilfe. Deshalb wird im Folgenden zunächst ein Grundschema für den Aufbau der begleitenden Elterngespräche in der Kleingruppe vorgeschlagen. Dabei fällt das erste Zusammentreffen etwas aus dem Rahmen, so daß dafür ein eigenes Schema vorgestellt wird.

Es folgt zu jedem Kapitel des Werkbuches eine Zusammenstellung von verschiedenen Möglichkeiten, wie das Thema inhaltlich in der Elterngruppe bearbeitet werden kann. Beim Umgang mit diesen Vorschlägen für die Planung eines Elterngespräches sollten sich die Katechet(inn)en an folgende Leitfragen halten:

1. Welche methodischen Einstiege oder Möglichkeiten traue ich mir zu?

2. Welche methodischen Einstiege sind in der Elterngruppe, die ich begleite, möglich?

3. Welche Möglichkeiten ergänzen sich?

4. Welche Vorschläge wähle ich aus?

Die methodischen Möglichkeiten sind von ihrer allgemeingültigen Durchführung her in der »Handreichung für Katechetinnen und Katecheten« (grüner Umschlag) auf Seite 50–53 erklärt.

2. Grundschema für den Ablauf der Elterngespräche

1. Begrüßung

2. Reflexion

Was haben wir in dem letzten Zeitabschnitt mit unseren Kindern erlebt,
– zu Hause,
– in der Kleingruppe,
– in der Gemeinde?

(Bei auftretenden Schwierigkeiten nach Lösungsmöglichkeiten suchen, Mut machen, immer wieder darauf hinweisen, daß im Werkbuch steht: »Das *können* wir miteinander tun« und nicht: Das *müssen* ..., den Erlebnischarakter der Kindertreffen unterstreichen.)

3. Inhaltliche Auseinandersetzung mit dem Thema des nächsten Kapitels

Hier geht es darum, daß die Eltern selbst sich mit den Inhalten auseinandersetzen. Die Gesprächsatmosphäre sollte so sein, daß jede(r) sich wohlfühlen kann: offen, tolerant, jede(r) darf seine/ihre Meinung sagen, ohne daß diese sofort bewertet wird.

(Zu jedem Abschnitt des Werkbuches gibt es für diese Phase des Elterngespräches im Folgenden mehrere Vorschläge.)

4. Das anstehende Kapitel mit den Eltern durchgehen

- Immer darauf hinweisen, daß es hilfreich für den Abend ist, wenn die Eltern das Kapitel vorher schon einmal angesehen haben.
- Seite für Seite das Kapitel mit den Anregungen gemeinsam durchgehen und auf inhaltliche Zusammenhänge hinweisen.
- Evtl. einen großen Bogen Papier in die Mitte legen; darauf in Stichworten schreiben, was die Eltern vorschlagen, gemeinsam zu tun,
  z. B. gemeinsam einen Spaziergang machen und Bäume ansehen, gemeinsam das Pfarrbüro, den Pfarrer besuchen.
- Entscheiden, welche Inhalte in der Kleingruppe der Kinder und welche zu Hause allein besprochen werden. Die Inhalte, die bei Großgruppentreffen der Kinder in der Gemeinde thematisiert werden, dabei berücksichtigen.

5. Zeitliche und personelle Planung der Bearbeitung des Kapitels

- Wie oft treffen sich unsere Kinder in der Kleingruppe?
- Welche Eltern führen die Kleingruppentreffen in diesem Abschnitt durch (mindestens zwei Personen gemeinsam)?
- Wann sollen die Kleingruppentreffen sein?
- Wo sollen die Kleingruppentreffen stattfinden?

6. Terminabstimmung für die nächste Zeit

- Im Kalender nachsehen, wann welche Termine für die Kinder und Eltern anstehen (Treffen der Großgruppe, Familiengottesdienste, Gemeindeveranstaltungen ...).
- Wann findet das nächste Elterngespräch statt?

3. Das erste Elterngespräch

Der Raum, in dem man sich trifft, soll so gestaltet sein, daß man sich schon beim Hineinkommen wohlfühlen kann.

Zentrale Anliegen

Kennenlernen der Gruppe

Kennenlernen der Kommunionvorbereitung

Inhaltliche Auseinandersetzung mit dem ersten Kapitel des Werkbuches

Klärung organisatorischer Fragen

Möglicher Ablauf

1. Begrüßung

2. Vorstellungsrunde

Vorschlag 1:
Reihum stellt sich jede(r) vor, sagt etwas zu sich (Name, Beruf ...), evtl. auch über seine/ihre Erfahrungen mit Kommunionvorbereitung, Kirche, Gemeinde ...

Vorschlag 2:
Spielerisch: Die Gruppe sitzt im Kreis. Ein kleiner Gegenstand wird jemandem zugeworfen. Der/die, der/die ihn bekommt, sagt seinen/ihren Namen ..., nur nicht den Beruf. Dann macht er/sie eine typische Handbewegung seines/ihres Berufes, die anderen raten den Beruf. Dann wird der Gegenstand weitergeworfen.

3. Kennenlernen der Vorbereitung

a) *Vorschlag 1:*
Kennenlernen der Vorbereitung anhand eines Schaubildes *(siehe S. 10).*

Vorschlag 2:
Gemeinsames Lesen des Elternbriefes im Werkbuch und Gespräch darüber.

b) Gliederung des Werkbuches erklären
(Kapitelaufbau – »Das können wir miteinander tun«)

c) Verteilen der Kalender und der Jahresplanung *(siehe Handreichung 1, S. 14–19):*
Wie ist der organisatorische Ablauf konkret?

4. Das erste Kapitel im Werkbuch genauer vorstellen

5. Inhaltliche Auseinandersetzung mit dem Thema

(siehe Vorschläge zu Kapitel I: Allein kann ich nicht leben S. 11–15)

6. Terminliche Absprachen

- Bekanntgabe der Gemeindetermine (gemeinsamer Start, Familiengottesdienste ...)
- Festlegen der nächsten Termine für die Elterntreffen
- Wann und wo treffen sich die Kinder das erste Mal in der Kleingruppe?
  Wer führt das erste Treffen durch?
  Welche Themen aus dem Werkbuch werden behandelt?

7. Organisatorisches

4. Kapitel I: Allein kann ich nicht leben

Zentrale Fragestellungen

Wie sehen wir unser Leben?

Was ist uns im Leben wichtig?

Was wünschen wir unseren Kindern für ihr Leben?

Warum möchten wir, daß unsere Kinder zur Erstkommunion gehen?

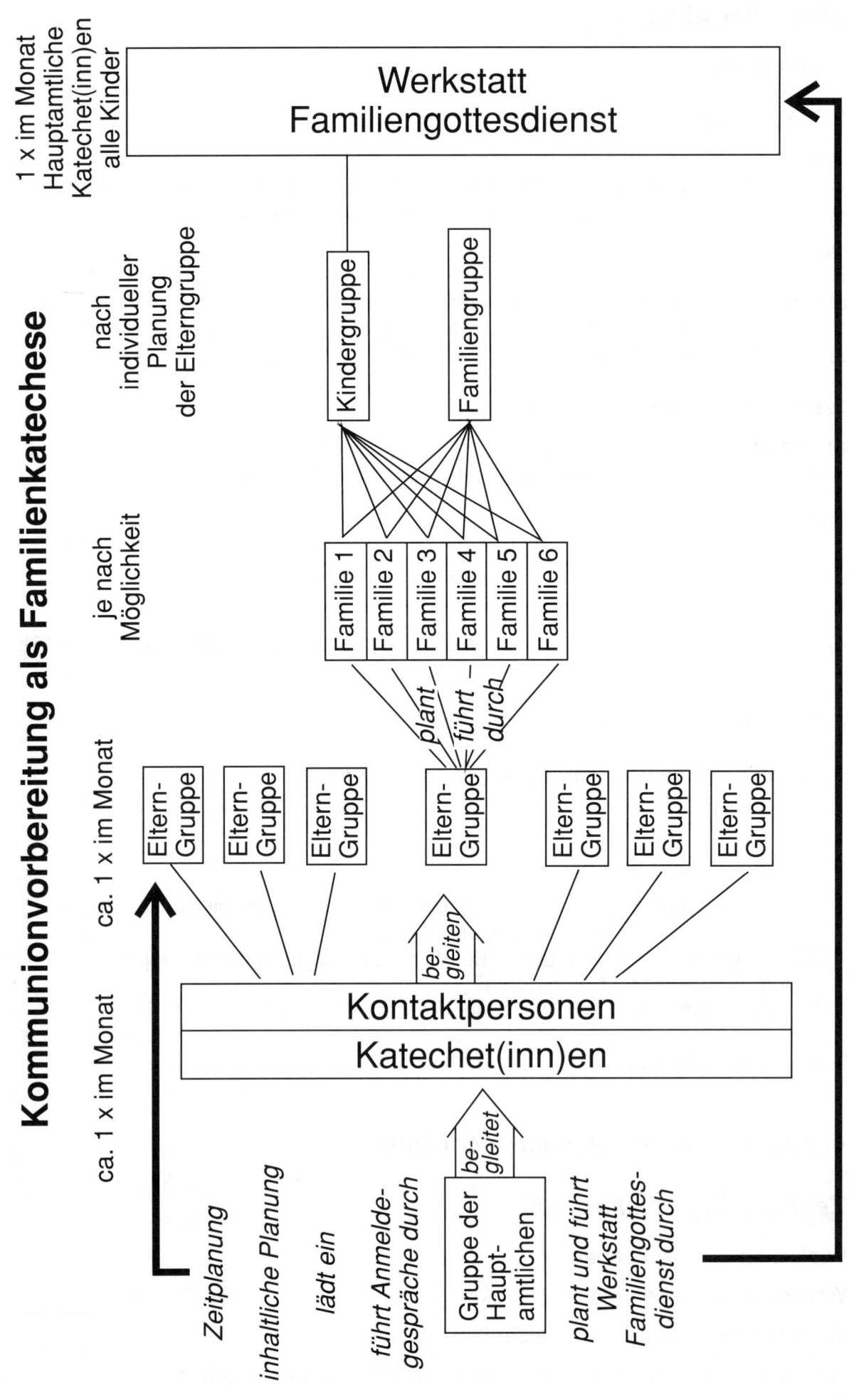

Kommunionvorbereitung als Familienkatechese

Methodische Möglichkeiten

1. Gespräch

Jede(r) bekommt einen Zettel, auf dem die beiden folgenden Fragen stehen:
— »Was wünsche ich mir für das Leben meines Kindes/meiner Kinder?«
— »Warum möchte ich, daß mein Kind zur Erstkommunion geht?«
Wer möchte, schreibt seine Meinung darauf oder denkt einen Moment darüber nach. Anschließend Austausch.

2. Bildbetrachtung: Baum

Betrachtung eines Baumes (Bild, Dia, in der Natur); miteinander die Frage besprechen: »Warum ist der Baum ein Symbol des Lebens?«

3. Fotowahl: Baum

Fotos von unterschiedlichen Bäumen liegen in der Mitte verteilt. Aus diesen verschiedenen Fotos sucht sich jede(r) seinen/ihren Baum aus (während des Aussuchens Stille oder leise Musik).
Wenn alle ihren Baum gefunden haben, Austausch im Gespräch, Vorstellen des Bildes: Warum wurde es gewählt?
Frage: Warum können diese Bäume für uns zum Symbol des Lebens werden?

4. Beschriftung eines Baumes

Jede(r) erhält die Zeichnung eines Baumes *(siehe S. 12).*
Zu leiser Musik beschriftet jede(r) seinen/ihren Lebensbaum unter folgender Fragestellung:
— Wo liegen die Wurzeln meines Lebens?
— Was gibt mir in meinem Leben Halt?
— Wo wachse ich hin? Was sind meine Sehnsüchte und Hoffnungen?
Danach werden Beobachtungen oder Erkenntnisse ausgetauscht, soweit das möglich ist.

5. Geschichte: Der unglückliche Baum

Die Geschichte *(siehe S. 13f.)* vorlesen.
Mögliche Fragestellungen (im Gespräch erörtern oder in Stille darüber nachdenken):
— Wo bin ich in meinem Leben »beschnitten« worden? Wodurch?
— Ist aus meinem Leben das geworden, was ich mir erwünscht und erträumt habe?
— Wo behindern wir unsere Kinder in ihrer gesunden Entfaltung?

6. Malen: Die eigene »Baumscheibe«

Eine Baumscheibe besteht aus vielen Jahresringen. Von innen nach außen ist sie gewachsen. In trockenen Jahren sind die Ringe dünner, in feuchten Jahren sind sie breiter.
Aufgabe für jede(n) einzelne(n) ist, die Jahresringe seines Lebens (auch Lebensabschnitte) mit Farben zu malen. Dabei spielen die Farben eine wichtige Rolle: Mit ihnen können gute und schlechte Zeiten besser gekennzeichnet werden (beim Malen leise Musik abspielen).
Im Gespräch sollte darauf geachtet werden, daß die Intimsphäre jedes einzelnen gewahrt bleibt, d. h. die Bilder werden nicht der Allgemeinheit gezeigt, sondern dienen nur für den Bewußtwerdungsprozeß des eigenen Lebens. Wer möchte, kann mitteilen, wie es ihm/ihr beim Malen der Baumscheibe ergangen ist.

7. Körpermeditation Baum

a) Alle hocken sich zusammengekauert verteilt im Raum auf den Boden. Leise Musik.
GL (= Gesprächsleiter/in) spricht:
»Wir sind wie ein Baum. Unsere Wurzeln wachsen in die Erde. Wo sind meine Wurzeln? Wo komme ich her? Was hat mich in meinem Leben geprägt?«
Stille (Musik)

b) Alle stehen auf, lassen die Arme am Körper, die Augen geschlossen.
GL spricht:
»Wir sind wie ein Baum. Unser Stamm gibt uns Halt. Wie sieht der Baumstamm unseres Lebens aus? Stark und fest oder eher dünn und schwankend? Was oder wer gibt uns in unserem Leben Halt?«
Stille (Musik)

c) Alle stehen und strecken ihre Arme nach oben.
GL spricht:
»Wir sind wie ein Baum. Wir strecken uns dem Licht entgegen. Wir haben Sehnsüchte und Wünsche. Wohin wachse ich? Was ersehne und erhoffe ich mir? Was tue ich, um dieser Sehnsucht näherzukommen?«
Stille (Musik)

8. Gespräch zum Lied: Komm, bau ein Haus

Das Lied auf S. 14 des Werkbuches singen oder von der Kassette vorspielen. Den Text noch einmal miteinander lesen.
Gespräch: In diesem Lied werden verschiedene Anliegen der Kommunionvorbereitung deutlich; diese werden gemeinsam erarbeitet.

9. Das Labyrinth des Lebens

Das Labyrinth auf S. 16 des Werkbuches für jede(n) Teilnehmer(in) kopieren. Bei meditativer Musik den Weg durch das Labyrinth zeichnen lassen. Wenn alle in der Mitte des Labyrinthes angekommen sind, Raum für einen Moment Stille geben, in der über die Frage nachgedacht wird:
Wer oder was ist die Mitte meines Lebens? Was ist mir besonders wichtig im Leben? (Gesprächsaustausch nur, wenn er ausdrücklich gewünscht wird.)

10. Fotowahl: Was ist das Leben?

In der Mitte eines Stuhlkreises liegen die unterschiedlichsten Fotos. Das Märchen »Was ist das Leben?« vorlesen *(siehe S. 14)*. Anschließend sucht sich bei ruhiger Musik jede(r) aus den Fotos in der Mitte sein/ihr Bild des Lebens aus. Danach Austausch darüber.

11. Geschichten/Texte

Eine Geschichte/Text miteinander lesen und über die Aussage sprechen.

Der unglückliche Baum

Eines Tages, wer weiß, woher es kam, fiel ein Samenkorn auf eine Wiese. Es bettete sich in die dunkle Erde und begann zu schlafen.
Die Sonne wärmte den Boden auf. Das Samenkorn dehnte und streckte sich nach allen Seiten. Dann brach es auf und dehnte sich so lange, bis ein kleiner, grüner Sproß der Sonne entgegensah. Der Baum war geboren. Er genoß es, klein wie er noch war, zu wachsen.
Da geschah es eines Tages: Bagger kamen und gruben ein großes Loch in der Nähe des kleinen Baumes. Ein Haus wurde gebaut, und Menschen zogen darin ein, ein Mann, eine Frau und ein Kind.

»Dieser Baum hier stört«, sagte eines Tages der Mann. »Er muß weg!«

»Bitte, mach ihn nicht kaputt«, sagte das Kind, »er ist noch so klein!«

Also nahm der Mann einen Spaten, grub den kleinen Baum aus und pflanzte ihn an eine andere Stelle der Wiese, die jetzt der Garten der Hausbewohner war.

Lange war der Baum traurig: Der Spaten hatte seine Wurzeln beschädigt, und an die neue Erde mußte er sich auch erst gewöhnen. Er wurde krank und verlor seine Blätter. Doch das Kind kam und pflegte ihn. Da faßte er wieder mit seinen Wurzeln Fuß. Er freute sich des Lebens und wuchs immer mehr der Sonne entgegen. Er wurde groß und kräftig.

Eines Tages sagte die Frau: »Seht euch das an, der Baum wächst so hoch hinaus, daß er uns das Licht auf der Terasse nimmt. Wir müssen ihn beschneiden.« Also nahm der Mann eine Schere und schnitt dem Baum die schönsten und frischesten Äste ab, die sich dem Himmel entgegenstreckten.

Jetzt wuchs der Baum in die Breite, denn er mußte wachsen, damit er leben konnte. Das störte die Leute auch, und wieder schnitten sie ihm die schönsten Äste ab. Da weinte der Baum lange und hörte auf zu wachsen. Die Menschen hatten ihm seinen Lebensmut genommen.

Das Kind – es war mittlerweile erwachsen geworden – kam noch einmal zum Baum. »Du«, sagte es zum Baum, »wie kommt es, daß wir so traurig sind?«

Der Baum seufzte tief und schwieg.

Elsbeth Bihler

Gebet

Herr, wie ein Baum sei vor Dir mein Leben,
Herr, wie ein Baum sei vor Dir mein Gebet.
Gib Wurzeln mir, die in die Erde reichen,
daß tief ich gründe in den alten Zeiten,
verwurzelt in dem Glauben meiner Väter.
Gib mir die Kraft, zum festen Stamm zu wachsen,
daß aufrecht ich an meinem Platze stehe
und wanke nicht, wenn auch Stürme toben.
Gib, daß aus mir sich Äste frei erheben,
sie, meine Kinder, Herr, laß sie erstarken
und ihre Zweige recken in den Himmel.
Gib Zukunft mir, und laß die Blätter grünen
und nach den Wintern Hoffnung neu erblühen,
und wenn es Zeit ist, laß mich Früchte tragen.
Herr, wie ein Baum sei vor Dir mein Leben.
Herr, wie ein Baum sei vor Dir mein Gebet.

Lothar Zenetti

Aus: Lothar Zenetti, Die wunderbare Zeitvermehrung, Verlag J. Pfeiffer, München 1979.

Was ist das Leben?

An einem schönen Sommertag war um die Mittagszeit tiefe Stille im Wald eingetreten. Die Vögel steckten ihre Köpfe unter die Flügel, und alles ruhte.

Da steckte der Buchfink sein Köpfchen hervor und fragte: »Was ist das Leben?«

Alle waren betroffen über diese schwere Frage. Eine Rose entfaltete gerade ihre Knospe und schob behutsam ein Blatt ums andere hinaus. Sie sprach: »Das Leben ist eine Entwicklung.« Weniger tief veranlagt war der Schmetterling. Lustig flog er von einer Blume zur anderen, naschte da und dort und sagte: »Das Leben ist lauter Freude und Sonnenschein.« Drunten am Boden schleppte eine Ameise sich mit einem Strohhalm ab, zehnmal länger als sie selbst, und sagte: »Das Leben ist nichts als Mühe und Arbeit …«

Es hätte nun einen großen Streit gegeben, wenn nicht ein feiner Regen eingesetzt hätte, der sagte: »Das Leben besteht aus Tränen, nichts als Tränen …«

Hoch über ihnen zog ein Adler majestätisch seine Kreise, der frohlockte: »Das Leben ist ein Streben nach oben.« Dann kam die Nacht. Nach einer Weile ging ein Mann durch die leeren Straßen nach Hause. Er kam von einer Lustbarkeit und sagte vor sich hin: »Das Leben ist ein ständiges Suchen nach Glück und eine Kette von Enttäuschungen.«

Nach der langen Nacht kam endlich die Morgenröte und sagte: »Wie ich, die Morgenröte, der Beginn des kommenden Tages bin, so ist das Leben der Anbruch der Ewigkeit.«

Schwedisches Waldmärchen

Weitere Geschichten und Texte zum Symbol *Baum* finden sich in Elsbeth Bihler, Symbole des Lebens – Symbole des Glaubens. Band II. Wasser – Kreuz. Werkbuch für Religionsunterricht und Katechese, Lahn-Verlag, Limburg 1993.

5. Kapitel II: Advent und Weihnachten

Zentrale Fragestellungen

Was löst der Gedanke an Advent und Weihnachten bei uns aus?

Was bedeuten Advent und Weihnachten für uns?

Was können uns die Zeichen und Symbole des Advents sagen?

Wie kommen wir der eigentlichen Bedeutung von Advent und Weihnachten wieder näher?

Methodische Möglichkeiten

1. Metaphermeditation

In der Mitte des Tisches liegt ein großer Bogen Papier. In dessen Mitte steht das Wort **Advent** geschrieben. Alle schreiben spontan auf den Bogen dazu, was ihnen zum Advent einfällt. Anschließend Austausch darüber.

2. Lied: Warten auf Gottes Sohn

Das Lied »Warten auf Gottes Sohn« auf S. 20 des Werkbuches miteinander singen (oder vom Band hören). Den Text noch einmal lesen.
Eindrücke zum Text einander erzählen – machen wir ähnliche Erfahrungen? Wie können wir wieder deutlicher machen, daß Advent »Warten auf Gottes Sohn« bedeutet, wie es der Refrain sagt?

1. Menschenmassen ohne Zahl,
   Jagen, Hasten überall,
   in den Straßen Lärm und Schall,
   ist das der Advent?
   Kaufhaustrubel – nur hinein,
   Lichterketten heller Schein –
   muß das alles wirklich sein,
   ist das der Advent?
   Warten auf Gottes Sohn,
   warten auf Gottes Sohn,
   warten auf Gottes Sohn,
   das ist der Advent.

2. Kaufen, kaufen, kauft ihr Leut',
   Angebote nur noch heut,
   denn schon bald ist Weihnachtszeit,
   ist das der Advent?
   Kriegsspielzeug für groß und klein,
   viel' Geschenke, das muß sein,
   muß das alles wirklich sein,
   ist das der Advent?

Warten auf Gottes Sohn,
warten auf Gottes Sohn,
warten auf Gottes Sohn,
das ist der Advent.

3. Keine Zeit zur Muße heut,
   keine Zeit für eine Freud',
   denn schon bald ist Weihnachtszeit,
   ist das der Advent?
   In den Straßen Lärm und Schall,
   Menschenmassen ohne Zahl,
   Jagen, Hasten überall,
   ist das der Advent?
   Warten auf Gottes Sohn,
   warten auf Gottes Sohn,
   warten auf Gottes Sohn,
   das ist der Advent.

Burkhard Fuchs

3. Bildbetrachtung: Josef und Maria kommen in unsere Stadt

Aus: Hans Stapperfenne (Hrsg.), Alles in schönster Ordnung, Peter Hammer Verlag, Wuppertal.

Gemeinsam das Bild erschließen und darüber sprechen, evtl. auch in Verbindung mit dem unter 2. angeführten Lied.

4. Biblische Texte

Miteinander eine der angeführten Schriftstellen lesen. Die ersten Eindrücke benennen, evtl. die Sätze, die einem besonders gut gefallen, noch einmal lesen. Miteinander überlegen:
Welche Aspekte des Advents bzw. von Weihnachten werden hier deutlich?

Jesaja 9,1–5
Jesaja 11,1–5
Jesaja 40,1–4
Psalm 24
Psalm 130
Lukas 1,26–38
Lukas 2,1–20
Matthäus 1,18–2,12
Markus 1,1–8

5. Vergleich der Weihnachtsgeschichte bei Lukas und Matthäus

Die beiden Berichte von der Geburt Jesu, Lukas 2,1–20 und Matthäus 1,18–2,12, nebeneinander auf ein Blatt kopieren.
Beide Berichte lesen, miteinander vergleichen, unterschiedliche Eindrücke erarbeiten; über ihre Bedeutung für unser Leben nachdenken.

6. Bildbetrachtung: In Erwartung

Walter Habdank, In Erwartung, Holzschnitt 1975, 64 x 41 cm
Aus: Walter Habdank, 24 Holzschnitte zur Bibel, Kösel Verlag, München.

7. Erschließung adventlicher Symbole

a) gemeinsame Erschließung

Die Symbole **Weg** *(Werkbuch S. 21)*, **Wurzel** *(Werkbuch S. 22)*, **Tür** *(Werkbuch S. 23)* und **Licht** *(Werkbuch S. 24)* liegen auf vier Tischen verteilt als realer Gegenstand oder als Foto in der Mitte von großen Papierbögen. Auf jedem Tisch liegen auch einige Stifte. Während leise Musik gespielt wird, gehen alle Teilnehmer(innen) [TN] durch den Raum, schauen sich die Symbole an und schreiben spontane Assoziationen dazu auf die Papierbögen. Danach Austausch im Gespräch.
Nach dem Gespräch werden zu jedem Symbol die entsprechenden biblischen Texte gelegt:
Weg   – Jesaja 40,1–4
Wurzel – Jesaja 11,1–4
Tür   – Psalm 24,7–10
Licht   – Jesaja 9,1–5
Die TN gehen wieder bei ruhiger Musik durch den Raum und lesen die entsprechenden Texte. Anschließend Austausch: Was mich bewegt ...

b) Erschließung nacheinander (oder auch nur ein ausgewähltes Symbol)

In die Mitte des Kreises/des Tisches wird jeweils das Symbol, um das es geht, gelegt. Wenn man darunter einen Papierbogen legt, kann man dazu einladen, die ersten spontanen Einfälle zum Symbol darauf zu schreiben. Man kann sie aber auch einfach nennen lassen.
Das Lied zum jeweiligen Symbol im Werkbuch wird gesungen oder von einer Kassette gehört; dann wird der entsprechende biblische Text (s. o.) gelesen.
Gespräch zur Fragestellung:
Warum ist dieses Symbol ein adventliches Symbol? Wie wird darin deutlich, was wir Weihnachten feiern?

8. Spiel: Die vier Kerzen

Zu der Geschichte auf S. 25 des Werkbuches die Kerzen am Adventskranz anzünden bzw. löschen. Evtl. die Namen der Kerzen auf Textstreifen schreiben.

9. Tonbilder/Dias – Filme/Videos

Miteinander wird das Tonbild (die Dias/der Film/das Video) angesehen und anschließend werden die Eindrücke ausgetauscht.

a) Tonbilder/Dias

Advent heute
1973; 15 Minuten, 22 Dias, ab 14 Jahre
Advent heißt Ankunft, heißt warten. Der Erwartete kam. Worauf warten wir noch? Was heißt Advent für uns?

Advent und Weihnachten
aus der Reihe: Das Leben – ein Fest, 1979; 24 Minuten, 46 Dias, ab 12 Jahre
Das Tonbild behandelt unter dem Motto »Das Leben – ein Fest« die Bedeutung der Weihnachtsbotschaft und bietet praktische Hilfe, wie man der Festfreude in sinnvollem Brauchtum Ausdruck geben kann.

Advent
29 Dias (schwarzweiß)
Bilder aus der Kunst und aus dem Alltagsleben zum Thema. Der Text ist als Hörspiel gestaltet.

Advent und Weihnachten I/II
aus der Reihe: Diabücherei Christliche Kunst, Folge I/Folge 9, Jörg Zink, 1983 bis 1987; je 60 Dias, ab 10 Jahre
Das Bildwerk zeigt aus dem Gesamtbereich der Kunstgeschichte christliche Motive von der Katakombenmalerei bis zu Bildern des 20. Jahrhunderts.

Den Herrn erwarten. Eine adventliche Besinnung
Detlef Albrecht, 1989; 30 Minuten, 21 Dias, ab 14 Jahre
Das Tonbild zeigt durch Zusammenführung von biblischen Texten des Wartens und Bildern aus dem Alltag den adventlichen Aktualitätsbezug auf. Die Herabkunft des Herrn und der Beginn des Erlösungswerkes stehen bevor.

Advent – Weihnachten
Bäcker/Lehmann, 1985; 8 Dias, ab 8 Jahre
Dias, Lieder, Texte und vielfältige Einsatzhinweise zur Frage nach der Basis der Weihnachtsbotschaft.

b) Video

Advent

aus der Reihe: Wir feiern Feste, Teil I, Jörg Grünler, 1982; 16 Minuten, ab 8 Jahre
Der Film umfaßt drei Teile: eine kurze Trickfilmszene am Anfang symbolisiert die Sehnsucht der Menschen nach einem heilen Leben. Kinder basteln Puppen und spielen damit eine Szene im alten Israel: Die Menschen ersehnen den Messias, der das Land von den Römern befreien soll. Auf dem Weihnachtsmarkt einer modernen Großstadt erfahren zwei Menschen unerwartete Hilfe.

(Tonbilder, Dias und Videos können meistens in den katechetischen Instituten und Medienzentren der Diözesen ausgeliehen werden.)

10. Geschichten/Texte

Eine Geschichte/einen Text miteinander lesen und über die Aussage sprechen.

Begegnung im Advent *(Werkbuch S. 20)*

Die Tür *(Werkbuch S. 23)*

Die Halle der Welt mit Licht erfüllen *(Werkbuch S. 24)*

Die vier Kerzen *(Werkbuch S. 25)*

Die Legende vom vierten König *(Elsbeth Bihler, Symbole des Lebens – Symbole des Glaubens. Band I: Licht – Feuer, Lahn-Verlag, Limburg 1992, S. 112–114)*

Eine Tür öffnen

Und dann kam der Tag, an dem wir zum ersten Mal ohne Begleitung das Zuchthaus verließen, drei politische Kameraden vom Gefangenenkomitee: Bäckerfranz, Paul und ich. Wir gingen einfach bummeln. Mit federnden, leichten Schritten in weichen Lederschuhen, die unsre eigenen waren. Die Anzüge schmiegten sich uns an und waren leicht und trocken, nicht schwer und immer feucht wie die Zuchthäuslerkluft. Bei jedem Schritt fühlte ich das herrliche Leinenhemd, direkt auf der Haut. Wir waren rasiert, gebadet, trocken und ausgeschlafen. Und das Sonderbarste war, wir wußten nicht richtig zu gehen. Wir wußten nicht, wohin wir gehen sollten. Die kleinen Entschlüsse des täglichen Lebens mußten erst wieder geweckt werden nach jahrelangem Schlaf. Es ging keiner hinter uns her, dessen Weg wir marschieren mußten. Und dann die Zeit, dieser betäubende Reichtum an Zeit, an goldenen Minuten auf unserem Gang.
Wir konnten stehenbleiben.
Wir konnten an ein Schaufenster treten.
Ich tat es, und irgend etwas in mir wartete mit angelegten Ohren, insgeheim lauernd auf einen Anschnauzer. Es kam keiner!
Wir traten in einen Laden, um nach Schreibpapier zu fragen. Es gab sich so, daß ich als erster wieder herausging. Im Laden blieb ich vor der Tür stehen und wartete gewohnheitsmäßig darauf, daß ein Aufseher die Tür aufschloß. Dann erst wurde mir klar, daß ein Mensch seine Türen selber öffnet.
Dieser himmlische Genuß, eine Tür öffnen zu dürfen.

Günther Weisenborn

Aus: Günther Weisenborn, Memorial, Röderberg-Verlag, Frankfurt am Main.

Advent

Holt den Sohn vom Bahnhof ab.
Er kommt.
Man weiß nicht genau, mit welchem Zug,
aber die Ankunft
ist gemeldet.

Es wäre gut, wenn jemand
dort auf und ab ginge.
Sonst verpassen wir ihn.
Denn er kommt
nur einmal.

Rudolf Otto Wiemer

Aus: Rudolf Otto Wiemer, Ernstfall, J. F. Steinkopf Verlag, Stuttgart 3. Auflage 1989.

6. Kapitel III: Von Gott erzählen

Zentrale Fragestellungen

Was haben wir für eine Vorstellung von Gott?

Wer ist Gott für mich?

Wie können wir mit unseren Kindern von Gott sprechen?

Wie können wir beten?

Methodische Möglichkeiten

1. Schreibassoziation

In der Mitte der Runde liegt eine Tapete. Darauf steht: »Gott ist für mich wie ...«
Alle Teilnehmer(innen) sind aufgefordert, ihre spontanen Einfälle auf die Tapete zu schreiben.

2. Schreibgespräch

Jede(r) Teilnehmer(in) erhält ein Blatt, auf dem oben steht: »Gott ist für mich wie ...«
Jede(r) schreibt seine/ihre ersten spontanen Einfälle auf. Nach einem vereinbarten Zeichen gibt er/sie das Blatt weiter. Dann schreibt der/die Nächste seinen/ihren Kommentar dazu usw. (bis zu fünfmal weitergeben).

3. Fotowahl

In der Mitte der Runde liegen einige Bilder/Fotos mit/von Symbolen/Natur/Menschen ...
Alle in der Runde werden aufgefordert, sich ein Bild auszusuchen, daß ihrer Vorstellung von Gott am nächsten kommt. Anschließend Austausch im Gespräch.

4. Lied: Mein Gott

Das Lied »Mein Gott« auf S. 36 des Werkbuches wird vorgespielt oder miteinander gesungen.
Anschließend wird dann die jeweilige Fragestellung bearbeitet – auch unter dem Aspekt: Welches der in den Strophen genannten Bilder kommt meinem Bild von Gott am nächsten?

5. Bibeltexte

Einer der folgenden Bibeltexte wird zum Ausgangspunkt für das Gespräch über Gott genommen:
Genesis 12,1–4 (Gottes Verheißung an Abraham)
Genesis 32,23–33 (Jakobs Kampf)
Exodus 3,1–14 (Der brennende Dornbusch)
1 Könige 19,8–13 (Elija am Gottesberg)
Lukas 15,11–24 (Der barmherzige Vater)

6. Beten mit Psalmen

Das Blatt mit den einzelnen Psalmversen wird verteilt *(siehe S. 23)*. Miteinander werden diese Verse gelesen. Wenn es möglich ist, nennt jede(r) den Vers, der ihn/sie am meisten berührt.

Im Gespräch wird herausgearbeitet, welche unterschiedlichen Gemütsverfassungen bzw. Einstellungen des Beters zu Gott zum Ausdruck kommen.

Zum Schluß wird gemeinsam überlegt, wie wir unser Leben und das Leben unserer Kinder ins Gebet bringen können.

7. Tonbilder/Dias – Filme/Videos

a) Tonbilder/Dias

Wo ist Gott?
1981; 11 Minuten, 36 Dias, ab 14 Jahre
Vielfältig sind unsere Vorstellungen von Gott – doch wo läßt er sich wirklich finden? Das Tonbild will keine Antwort geben, es will das Gespräch über Gott auslösen und es erleichtern.

Wo bist du, Gott?
9 Dias (schwarzweiß), ab 14 Jahre
Die Bilder von Sieger Köder aus der Tübinger Bibel möchten sensibel machen für die Frage: Wo bist du, Gott? Sie lassen etwas davon ahnen, wo das Geheimnis »Gott« zu suchen und vielleicht zu finden ist – mitten in der Verzweiflung, über den Gräbern, auch in der tödlichen Angst.

b) Videos

Fotos von Gott
Günter Höver, 1975; 12 Minuten, ab 14 Jahre
Ein Fotograf wird von seinem vierjährigen Sohn gebeten, ihm ein Foto von Gott zu machen. Nach Jahren und vielen Versuchen erkennt er, daß er Gott im Antlitz von Menschen findet, die von der Nachfolge Christi geprägt sind.

Der liebe Gott im Schrank
Thomas Draeger, 1985; 30 Minuten, ab 8 Jahre
Die Geschichte von einem kleinen Mädchen, das den lieben Gott sucht. Er soll in der Kirche wohnen. Dort trifft es einen Penner und hält ihn für den lieben Gott. Es lädt ihn nach Hause ein. Die Familie weiß nun nicht, wie man »Gott« zu behandeln hat.

8. Geschichten/Texte

Zu Beginn wird eine Geschichte/ein Text zum Thema vorgelesen und dann versucht, darüber ins Gespräch zu kommen.

Der Sonnengesang des Franz von Assisi (Gotteslob Nr. 285)

Wie Loma den guten Gott fand *(Werkbuch S. 34f.)*.

Beten *(Werkbuch S. 38)*

In der Übung bleiben

Ein Konzertpianist sagte: »Wenn ich einen Tag nicht übe, merke ich es. Wenn ich zwei Tage nicht übe, merken es meine Freunde. Wenn ich drei Tage nicht übe, merkt es mein Publikum.«
Mir geht es ähnlich mit dem Beten: Wenn ich einen Tag nicht bete, merkt es Gott. Wenn ich zwei Tage nicht bete, spüre ich es selber. Wenn ich drei Tage nicht bete, spürt es meine Umgebung.

Bischof Dibelius

Gott,
du wohnst in der Dunkelheit,
du wohnst im unzugänglichen Licht,
du wohnst da,
wo unser Verstand nicht hinreicht,
du bist so,
daß unsere Sprache versagt.
Gott, du bist unsagbar.
Aber dennoch
sprechen wir von dir,
dennoch betreten wir das Schweigen,
das dich umgibt.

Hubertus Halbfas

Aus: Hubertus Halbfas, Religionsbuch 3. Schuljahr,
Patmos Verlag, Düsseldorf, 3. Auflage 1989.

DU

Unerkannter
Unerkennbarer
Undenkbarer
Unvorstellbarer
Unerreichbarer
Unbegreifbarer
Unaussprechbarer
Unnennbarer
Unsagbarer
Unsichtbarer
Unhörbarer
Unmeßbarer
Unteilbarer
Unbeschreibbarer
Unfaßbarer

Kein Ding
Keine Sache
Kein Gegenstand
Kein Objekt
Kein Thema
Kein Problem
Kein Über
Kein Unter
Kein Neben
Kein Außen
Kein Innen
Kein Es
Kein Er

Du

Lothar Zenetti

Aus: Lothar Zenetti, Texte der Zuversicht, Verlag J. Pfeiffer,
München 1972.

DROHUNGEN

gott sieht alles
damit haben sie
mir gedroht als
ich kind war

gott
mit dir haben
sie gedroht
          zwanzig jahre
          dreißig jahre

du hast dir das
gefallen lassen
und geschwiegen
          oder habe ich
          dich überhört

mir wurde angst
und bange
kinderschreckgott

heute weiß ich
sie hatten recht
dusiehstallesgott

du kommst ihnen
auf die schliche
du zerbrichst ihre
erhobenen zeigefinger
du deckst ihre
miese moral auf
auf hauswände
und mauern
sprühst du ihre
sünden

du legst ihre
konten offen und
bringst ihre
getreidegeschäfte
ans licht

du siehst alles gott
und schützt
die Kinder

Wilhelm Bruners

Aus: Wilhelm Bruners, Schattenhymnus, Biblische Meditationen,
Patmos Verlag, Düsseldorf 1989.

Mit Psalmen beten

Lesen Sie bitte die folgenden Gebetsverse aus den Psalmen und überlegen Sie:
- Welcher Vers spricht mich persönlich an?
- In welcher Gemütsverfassung befindet sich der Beter?
- Wie steht der Beter Gott gegenüber?

Psalm 4,2:
Wenn ich rufe, erhöre mich, Gott, du mein Retter!

Psalm 4,8–9:
Du legst mir größere Freude ins Herz, als andere haben bei Korn und Wein in Fülle. In Frieden leg' ich mich nieder und schlafe ein; denn du allein, Herr, läßt mich sorglos ruhen.

Psalm 5,12:
Beschütze alle, die deinen Namen lieben, damit sie dich rühmen.

Psalm 6,4:
Meine Seele ist tief verstört. Du aber, Herr, wie lange säumst du noch?

Psalm 9,2–3:
Ich will dir danken, Herr, aus ganzem Herzen, verkünden will ich all deine Wunder. Ich will jauchzen und an dir mich freuen, für dich, du Höchster, will ich singen und spielen.

Psalm 16,1:
Behüte mich Gott, denn ich vertraue dir.

Psalm 22,2–3:
Mein Gott, mein Gott, warum hast du mich verlassen, bist fern meinem Schreien, den Worten meiner Klage? Mein Gott, ich rufe bei Tag, doch du gibst keine Antwort; ich rufe bei Nacht und finde doch keine Ruhe.

Psalm 40,2:
Ich hoffte, ja, ich hoffte auf den Herrn. Da neigte er sich mir zu und hörte mein Schreien.

Psalm 57,2:
Sei mir gnädig, o Gott, sei mir gnädig, denn ich flüchte mich zu dir.

Psalm 63,2:
Gott, du mein Gott, dich suche ich, meine Seele dürstet nach dir. Nach dir schmachtet mein Leib wie dürres, lechzendes Land ohne Wasser.

Psalm 92,2–3
Wie schön es ist, dem Herrn zu danken, deinem Namen, du Höchster, zu singen, am Morgen deine Huld zu verkünden und in den Nächten deine Treue.

Psalm 118,1:
Danket dem Herrn, denn er ist gütig, denn seine Huld währt ewig.

Psalm 150,1:
Lobet Gott in seinem Heiligtum, lobt ihn in seiner mächtigen Feste!

Aus: Einheitsübersetzung der Heiligen Schrift
© Katholische Bibelanstalt, Stuttgart 1980.

7. Kapitel IV: Jesus begegnen

Zentrale Fragestellungen

Was wissen wir von Jesus?

Wer ist Jesus Christus für mich?

Was bedeutet Jesu Frohe Botschaft vom Reich Gottes für uns?

Methodische Möglichkeiten

1. Erzählen

– Was wissen wir von Jesus Christus?
– Welche Stellen/Geschichten aus der Bibel fallen uns ein?
– Welches ist meine Lieblingserzählung von Jesus?

2. Auswahl von Bibeltexten

a) Auf dem Tisch liegen als einzelne Blätter unterschiedliche Texte, die von Jesus erzählen. Alle lesen die Texte.

b) Jeder bekommt einen Text in die Hand, der dann nach dem Lesen weitergereicht wird. Dann wird der nächste Text gelesen usw. bis jeder alle Texte gelesen hat. Dann werden alle Texte wieder auf den Tisch gelegt.
In einem nächsten Schritt sagt jede(r), welcher Text ihn/sie am meisten angesprochen oder den größten Widerspruch hervorgerufen hat.

Mögliche Schriftstellen: Markus 1,21–35
Markus 2,1–12
Markus 4,35–41
Markus 7,31–37
Markus 10,13–16
Markus 10,46–52
Lukas 4,16–30
Lukas 17,11–19
Lukas 19,1–10
Johannes 8,1–11

3. Gespräch zu den »Ich bin – Worten« Jesu

An einigen Stellen im Johannesevangelium gebraucht Jesus Bild-Worte, wenn er von sich redet.
Man kann diese Bildworte in der Bibel aufschlagen, vorlesen und in der Mitte groß auf eine Tapete schreiben, z. B. »Ich bin das Licht der Welt ...«, »Ich bin die Tür ...«
Anschließend folgt das Gespräch: Welches dieser Bild-Worte ist für mein »Jesus-Bild« besonders wichtig und warum?

»Ich-bin-Worte« im Johannesevangelium:
4,7–14; 6,35; 8,12–20; 10,7–10; 10,11–18; 15,1–8

3. Aussagen über Jesus

Auf einem Blatt sind unterschiedliche Aussagen über Jesus aufgeführt *(siehe S. 29)*. Die Teilnehmer(innen) werden aufgefordert, fünf Aussagen anzukreuzen, die ihnen am zutreffendsten erscheinen. Am Schluß sollte dann die Überlegung stehen: Wer ist Jesus für mich? Danach Austausch über die Ergebnisse.

4. Schreibgespräch

Jede(r) Teilnehmer(in) erhält ein Blatt, auf dem oben steht: »Jesus ist für mich ...« Jede(r) schreibt seine/ihre ersten Einfälle auf und auf ein bestimmtes Zeichen hin gibt er/sie das Blatt weiter. Dann schreibt der/die Nächste seinen/ihren Kommentar dazu usw. (bis zu fünfmal weitergeben).

5. Bildwahl

In der Mitte der Runde liegen einige Bilder/Fotos mit unterschiedlichen Darstellungen Jesu und aus dem Leben Jesu. Alle in der Runde werden aufgefordert, die Bilder gut anzusehen und sich dann ein Bild auszusuchen, daß ihrer Vorstellung von Jesus am nächsten kommt. Dann werden die Bilder vorgestellt und nach Möglichkeit erklärt.

6. Schriftstellenvergleich: Jesu Frohe Botschaft vom Reich Gottes

Biblische Texte vom Reich Gottes miteinander lesen, nebeneinander legen und überlegen:
Welche Aussagen über das Reich Gottes werden hier gemacht?
Was bedeutet das für uns Christen?

Textstellen: Markus 4,26–29
Matthäus 13,31–32
Matthäus 13,33
Matthäus 13,44–46
Lukas 14,15–24
Lukas 17,20–21
Offenbarung 21,1–4

7. Bibel-Teilen
(zu einer der oben angegebenen Schriftstellen)

– Den Text vorlesen.
– Stille – dann nennt jede(r) noch einmal den Satz/das Wort, der/das ihn/sie am meisten beeindruckt hat, ohne zu kommentieren.
– Der Text wird noch einmal vorgelesen, jede(r) liest seinen wichtigsten Satz/Wort laut mit.
– Austausch.

8. Tonbilder/Dias – Filme/Videos

a) Tonbilder/Dias

Er war einer von uns
15 Minuten, 48 Dias, ab 14 Jahre
Ein Lebensbild Jesu, das sich besonders an Jugendliche wendet.

Der Fremde
19 Minuten, 72 Dias, ab 12 Jahre
Humoristische und doch sehr ernstzunehmende Beispielerzählung für das Kommen Jesu in unsere Welt.

Jesus von Nazareth
1974; 46 Dias, ab 14 Jahre
Die Konflikte Jesu mit seiner Umwelt: König und Reich, Gesetz und Recht, Kult und Tempel, Land und Volk, Leistung und Vertrauen.

Christusbilder
1976; 9 Dias, ab 14 Jahre
Tusche-Aquarelle (1950–1974) von Roland Peter Litzenburger.

Jesus von Nazareth
Läpple/Veit, 1987; 9 Dias, ab 6 Jahre
Das Tonbild versucht, Jesus von Nazareth aus dem Blickwinkel seiner Zeitgenossen darzustellen.

b) Film/Video

Parabel
Rock/Forsberg, USA 1964; 22 Minuten, ab 14 Jahre
Ausdrucksstarker Kurzspielfilm zu Passion und Nachfolge. Schauplatz der Handlung ist ein Zirkus (Weltzirkus). Ein Clown tritt auf, der anders ist als die übrigen Artisten und dessen Verhalten im Verlauf der Handlung zur Passion führt.

Das erste Evangelium. Matthäus
P. P. Pasolini, Italien 1964; 136 Minuten, schwarzweiß, ab 10 Jahre
Leben, Sterben und Auferstehung Jesu Christi. Dem Matthäus-Evangelium folgend, entwirft Pasolini ein individuell getöntes Bild der Heilsgeschichte, in dem besonders der soziale Aspekt der Botschaft Christi herausgearbeitet wird. Der herkömmlichen Bibelfilmen auch formal extrem entgegengesetzte Film stellt eine Herausforderung an die säkularisierte Welt dar, die kraft ihrer geistigen Wahrhaftigkeit zu fruchtbarer Besinnung führen kann.

9. Geschichten/Texte

Zu Beginn wird eine Geschichte/ein Text zum Thema vorgelesen und dann versucht, darüber ins Gespräch zu kommen.

Was Jesus
für mich ist?
    Einer der
    für mich ist.

Was ich
von Jesus halte?
    Daß er
    mich hält.

Lothar Zenetti

Aus: Lothar Zenetti, Texte der Zuversicht,
Verlag J. Pfeiffer, München 1972.

Von der Mitte gehalten

Der Abt eines Klosters wurde von Besuchern gefragt: »Wie ist es möglich, daß alle Mönche trotz ihrer verschiedenen Herkunft, Veranlagung und Bildung eine Einheit darstellen?«
Statt einer theoretischen Erklärung antwortete der Abt mit einem Bild: »Stellt euch ein Rad vor. Da sind Felge, Speiche und Nabe. Die Felge ist die umfassende Mauer, die aber nur äußerlich alles zusammenhält. Von diesem Rad des Rades aber laufen Speichen in der Mitte zusammen und werden von der Nabe gehalten. Die Speichen sind wir selbst, die einzelnen unserer Gemeinschaft. Die Nabe ist Jesus Christus. Aus dieser Mitte leben wir. Sie hält alles zusammen.« Erstaunt schauten die Besucher auf, sie hatten etwas Wichtiges verstanden. Doch der Abt sprach weiter: »Je mehr sich die Speichen der Mitte nähern, um so näher kommen sie auch selbst zusammen. Ins konkrete Leben übertragen heißt das: Wenn wir uns Christus, der Mitte unserer menschlichen und geistlichen Gemeinschaft, wirklich und ganz nähern, kommen wir auch einander näher. Nur so können wir miteinander und füreinander und damit auch für andere leben.«

Weisheit des Mittelalters

Jesu von Nazaret

Vor 200 Jahren wurde er geboren
in Israel,
in einem Stall,
draußen vor der Stadt.

Er trat auf wie ein Prophet,
doch er war mehr als ein Prophet –
»Ich«, sagte er, »bin der Weg,
die Wahrheit und das Leben.«

Er heilte,
doch er war mehr als ein Arzt –
er heilte, wo keine Hoffnung mehr war.

Er war kein Revolutionär,
doch seine Botschaft war Sprengstoff.

Er lebte als Jude,
besuchte die Synagoge und den Tempel –
und Gott nannte er »Abba – lieber Vater«.

Macht, Ehre und Reichtum waren ihm nicht wichtig.
Gefragt, wie man vollkommen werden könne,
sagte er zu dem Reichen:
»Geh hin und verkaufe alles.«

Er predigte gegen die Heuchelei,
die Engstirnigkeit,
gegen die Menschen mit hartem Herzen.

Er stand auf der Seite der Schwachen,
mit Sündern und Ausgestoßenen saß er zu Tisch.
Beim Steuerbetrüger Zachäus war er zu Gast,
und zur Ehebrecherin sagte er:
»Auch ich verurteile dich nicht.«

Er zeigte den Menschen den Weg zu Gott.
In Bildern und Gleichnissen redete er zu ihnen.
Er ging auf die Menschen zu
und suchte das Gespräch:
»Kommt zu mir, die ihr euch schwertut im Leben.«

Er war der Freund seiner Jünger,
oft saß er mit ihnen zusammen.
Schließlich brach er ihnen das Brot und sprach:
»Tut dies zu meinem Gedächnis,
feiert das Mahl, bis ich wiederkomme.«

Von Judas wurde er verraten,
von seinen Jüngern verlassen,
von Petrus verleugnet,
von Pilatus verurteilt,
von Soldaten mißhandelt und gekreuzigt.

Er, der Freund Gottes und der Menschen
wurde als Gotteslästerer und Verführer des Volkes hingerichtet.
So setzte er sein Leben ein für seine Freunde und für alle Menschen.

»Darum hat Gott ihn über alle Maßen erhöht
und ihm einen Namen gegeben, der größer ist als alle Namen,
damit alle ihr Knie beugen und jeder Mund bekennt:
Jesus Christus ist der Herr.« (Phil 2,9–11)

Matthias Ball/Werner Rück

Aus: Werner Rück (Hrsg.), Gottes Geist mitten unter uns. Handreichung für den
Begleiter der Firmgruppe, © 1986 by Institut für Pastorale Bildung Freiburg.

Was für ein Gott?

Ein Mädchen aus unserer Schule stürzte aus einem Fenster im dritten Stock hinunter in den Hof. Ich kam dazu und konnte nichts anderes tun, als dem Mädchen die Hand halten, während es vor Schmerzen wimmerte. Dann begann das Warten. Das Mädchen überlebte, querschnittsgelähmt. Sie war fünfzehn Jahre alt, sportlich, intelligent, fröhlich.

Es war für mich einfach zuviel. Ich klagte Gott an: Was bist du für ein Gott? Für was war das gut? Als ich einige Zeit später in eine Kirche ging, durchfuhr es mich, als mein Blick auf den gekreuzigten Jesus fiel.
Ich sah, was für ein Gott unser Gott ist.

Aus: Entschluß, Wien, 1/1985.

8. Kapitel V: Fastenzeit und Ostern

Zentrale Fragestellungen

Welche Vorstellung haben wir von der Fastenzeit?

Was kann für uns »Fasten« bedeuten?

Was bedeuten Tod und Auferstehung Jesu für uns?

Was bedeuten die liturgischen Symbole der Fastenzeit?

Wie können wir mit unseren Kindern die Fastenzeit sinnvoll begehen?

Methodische Möglichkeiten

1. Erzählen/Gespräch

- Welche Erinnerungen verbinden wir mit der Fastenzeit?
- Was stellen wir uns unter »Fastenzeit« vor?
- Wie haben wir früher Ostern gefeiert?

2. Schreibassoziation

Ein großer Papierbogen liegt in der Mitte, darauf steht der angefangene Satz:
»Fastenzeit ist für mich ...«
Die TN werden aufgefordert, ihre spontanen Assoziationen dazu aufzuschreiben.
Anschließend Gespräch darüber.

Kreuzen Sie die 5 Aussagen über Jesus an, die ihnen am wichtigsten erscheinen. In die leeren Zeilen können Sie eigene Gedanken zur Person Jesu schreiben.

☐ 1. Jesus ist ein Vorbild der Gewaltlosigkeit.

☐ 2. Jesus lebte ganz im Vertrauen auf Gott, seinen Vater.

☐ 3. Jesus verlangte selbstlosen Dienst für andere.

☐ 4. Jesus hat die Menschen so angenommen, wie sie sind.

☐ 5. Jesus hat die Menschen zum Guten gelenkt.

☐ 6. Jesus hat den Menschen die Angst genommen und Vertrauen geschenkt.

☐ 7. Jesus wollte die Freiheit der Menschen von Unterdrückung, Ungerechtigkeit, Haß und Feindschaft.

☐ 8. Jesus befreite die Menschen von allzu kleinlichen Vorschriften der jüdischen Religion.

☐ 9. Jesus stellte sich auf die Seite der Benachteiligten und Armen.

☐ 10. Jesus liebte den Frieden.

☐ 11. Jesus schenkte immer wieder neu Vergebung.

☐ 12. Jesus liebte die Menschen bis zum Tod am Kreuz.

☐ 13. Jesus war Gottes Sohn.

☐ _____

☐ _____

☐ _____

☐ _____

☐ _____

3. Die liturgischen Symbole von Fastenzeit und Ostern bedenken

Folgende Dinge stehen/liegen jeweils auf einer Tapete verteilt im Raum, darunter sind kurze biblische/liturgische Texte geschrieben *(siehe S. 31f.)*:
- ein Glasschälchen mit Asche,
- ein Kreuz,
- ein Palmzweig,
- ein Schälchen mit Wasser,
- eine Osterkerze.

Zu ruhiger Musik gehen die TN durch den Raum, schauen sich die Gegenstände an, lesen die Texte und schreiben ihre Assoziationen dazu auf (auch zu einzelnen Symbolen möglich).

4. Das Symbol »Wüste«

In der Mitte liegt das Foto einer Wüste. Die TN nennen spontan, was ihnen zu »Wüste« einfällt. Dann unterhalten sich alle zum Thema:
Wenn ich in die Wüste müßte, um dort ein Jahr zu leben, was würde ich mitnehmen (höchstens 5 Dinge)?
Gespräch über das »Überflüssige« in unserem Leben bzw. das »Lebensnotwendige«: Worauf können wir/unsere Kinder in der Fastenzeit verzichten?

5. Zeichen von Überfluß und Besinnung

Auf dem Tisch stehen/liegen:
- Geld,
- das Bild eines Fernsehers (evtl. auch Bilder anderer Konsumgüter),
- eine Bibel,
- eine Kerze.

Spontangespräch über die Frage: Was haben diese Dinge miteinander zu tun?
Überleiten zum Thema »Fastenzeit«.

6. Bildbetrachtung

Folgende Bilder können zum Einstieg miteinander betrachtet werden:

- Thomas Zacharias, Emmaus (Poster/Dia)
  Aus: Farbholzschnitte zur Bibel, Kösel-Verlag, München

- Relindis Agethen, Ostern (Dia)
  Aus: Hubertus Halbfas, Religionsbuch 1. Schuljahr, Patmos Verlag, Düsseldorf 4. Auflage 1990.

- Matthias Grünewald, Isenheimer Altar: Kreuzigung

7. Vergleich unterschiedlicher Kreuzesdarstellungen

Fotos/Dias von unterschiedlichen Kreuzesdarstellungen liegen in der Mitte auf dem Tisch. Jede(r) sucht eins aus und sagt, warum er/sie diese Darstellung gewählt hat.

8. Film: Die Parabel

Den Film *(Beschreibung siehe S. 26)* miteinander betrachten und die Parallelen zur Leidensgeschichte Jesu herausarbeiten.

9. Die Leidensgeschichte lesen

Zusammen (evtl. in verteilten Rollen) die Leidensgeschichte lesen und dann versuchen, darüber ins Gespräch zu kommen.
Mögliche Fragen:
– Was bewegt uns, wenn wir diesen Text hören?
– In welcher Beziehung steht der Text zu uns?
– …

10. Einen Kreuzweg betrachten

Die Stationen eines Kreuzweges werden miteinander betrachtet und/oder gebetet (Gotteslob Nr. 755 oder ein Kreuzweg der Jugend; anhand von Dias, Kreuzweg-Darstellungen in der Kirche oder im Freien).
Gespräch: Was bedeutet der Kreuzweg Jesu heute für uns?

11. Biblische Osterberichte

Miteinander eine (oder mehrere) Ostererzählungen aus den Evangelien lesen und darüber sprechen.

12. Geschichten/Texte

GOLGOTA

Drei Räuber
kreuzigt man heute
auf Golgota:

Der linke nahm mir mein Geld
der rechte nahm mir mein Gut
der in der Mitte nahm mir meine Schuld

Auf Golgota
kreuzigt man heute
drei Räuber

Lothar Zenetti

Aus: Lothar Zenetti, Texte der Zuversicht, Verlag J. Pfeiffer, München 1972.

Stille

Der Gouverneur unterbrach eine Reise, um dem Meister seine Ehrerbietung zu erweisen.
»Staatsgeschäfte lassen mir keine Zeit für lange gelehrte Abhandlungen«, sagte er. »Könntet Ihr das Wesentliche der Religion für einen aktiven Menschen wie mich in einem oder zwei Absätzen zusammenfassen?«
»Ich werde es mit einem einzigem Wort zum Nutzen Eurer Hoheit ausdrücken.«
»Unglaublich! Wie lautet diese außergewöhnliche Wort?«
»Stille.«
»Und auf welchem Weg gelangt man zur Stille?«
»Meditation.«
»Und was, darf ich fragen, ist Meditation?«
»Stille.«

Anthony de Mello

Aus: Anthony de Mello, Eine Minute Weisheit, Verlag Herder, Freiburg 5. Auflage 1991.

Texte zu den liturgischen Symbolen

Asche

»Gedenke, Mensch, daß du Staub bist und zum Staub zurückkehrst. Kehr um und glaube an das Evangelium.«
(Liturgie Aschenkreuz)

Palmzweig

»Hosanna dem Sohne Davids. Gesegnet, der kommt im Namen des Herrn.«
(Liturgie Palmsonntag)

Kreuz

»Im Kreuz ist Heil, im Kreuz ist Leben, im Kreuz ist Hoffnung.«
(Liturgie Karfreitag)

Wasser

»Gott redet und Quellen springen auf:
Wasser des Lebens bricht hervor, halleluja.«
(Liturgie Osternacht, Segnung des Taufwassers)

Osterkerze

»Christus, das Licht.«
»Dank sei Gott.«
»O Licht der wunderbaren Nacht, uns herrlich aufgegangen.«
»Befreit sind wir von Angst und Not.
Das Leben hat besiegt den Tod:
Der Herr ist auferstanden!«
(Liturgie Osternacht, Licht)

9. Kapitel VI: Was nach Ostern geschah

Zentrale Fragestellungen

Wie habe ich als Kind Gemeinde erlebt?

Was weiß ich von der Gemeinde, in der ich jetzt wohne?

Was bedeuten die Feste Christi Himmelfahrt und Pfingsten?

Methodische Möglichkeiten

1. Erzählen/Gespräch

- Welche Erinnerungen habe ich an meine Gemeindekontakte als Kind und Jugend-liche(r)?
- Was habe ich positiv erlebt? Welche negativen Eindrücke sind mir geblieben?

2. Schreibgespräch

Jede(r) erhält ein Blatt, auf dem der Satz steht: »Wenn ich an Kirchengemeinde denke, fällt mir ein ...«. Nachdem alle eine Weile darüber nachgedacht haben und evtl. ihre Gedanken dazu auf ein Blatt geschrieben haben, werden die Gedanken miteinander ausgetauscht.

3. Schreibassoziation

Das Wort *Gemeinde* wird auf ein Plakat in die Mitte geschrieben. Alle Teilnehmer werden aufgefordert, ihre spontanen Einfälle dazu aufzuschreiben. Anschließend Austausch darüber.

4. Das Gemeindespiel spielen

Den Spielplan S. 48 kopieren, vergrößern und das Spiel *(S. 47–52)* spielen.

5. Ein Gemeindepuzzle legen

Die Vorlage S. 34 zweimal vergrößert kopieren. Eine Kopie auseinanderschneiden und die einzelnen Teile des entstandenen Puzzles mit Gemeindeaktivitäten beschriften (so viele Teile schneiden, wie es Gemeindeaktivitäten gibt, und dabei auf die Orte achten, an denen die Aktivitäten stattfinden, wie Kirche, Kirchplatz, Gemeindehaus). Auf der zweiten Kopie werden die Teile gemeinsam zusammengefügt. Jede(r) erhält bis zu drei Teile und legt sein/ihr Puzzleteil auf die Vorlage. Er/sie sagt, was gemeint ist, andere können ergänzen.

6. Die Grundfunktionen der Gemeinde

Miteinander die Schrifttexte Apostelgeschichte 2,44–47 und 4,32–35 lesen und gemeinsam folgende Fragestellungen bearbeiten:
- Wie hat die Urgemeinde miteinander gelebt?
- Welche Ähnlichkeiten gibt es zum Leben Jesu *(siehe Werkbuch S. 44)*?
- Welche Elemente sind davon in unserer Gemeinde zu finden *(siehe Werkbuch S. 77)*?

7. Pfingstsymbole »Wind« und »Feuer«

Das Elterngespräch abends in einen Garten verlegen.
Zum Symbol *Wind* erhält jeder einen verblühten Löwenzahn und bläst die Staubgefäße in die Luft. Dazu wird die Geschichte auf S. 74 des Werkbuches vorgelesen.
Ein *Feuer* wird entfacht, alle erhalten ein Holzscheit, das sie in das Feuer legen, und dann gemeinsam beobachten, wie das Feuer niederbrennt.
Im Gespräch erarbeiten, warum Wind und Feuer Symbole für den Geist Gottes sind und was sie für uns Christen heute bedeuten.

8. Bildwort »Himmel« deuten

Den Text des Liedes auf S. 73 des Werkbuches miteinander lesen bzw. das Lied singen oder von der Kassette hören. Miteinander überlegen: Was bedeutet »Himmel« im Zusammenhang mit unserem Glauben?

9. Bibelgespräch

a) Christi Himmelfahrt – Apostelgeschichte 1,4–14
b) Pfingsten – Apostelgeschichte 2,1–42

10. Gespräch zum Thema »Dreifaltigkeit«

Miteinander überlegen: Was bedeutet es, wenn wir sagen: Wir glauben an den dreifaltigen Gott?
Für dieses Gespräch empfiehlt es sich, einfache, verständliche Texte zum Thema auszusuchen und zu besprechen oder auch das Apostolische Glaubensbekenntnis als Grundlage zu nehmen (Gotteslob Nr. 2,5/*Werkbuch S. 104)*.

11. Das Sakrament der Taufe

In Einzelarbeit zunächst überlegen:
- Was bedeutet es mir, daß ich getauft bin?
- Warum war es mir wichtig, daß mein(e) Kind(er) getauft wurde(n)?

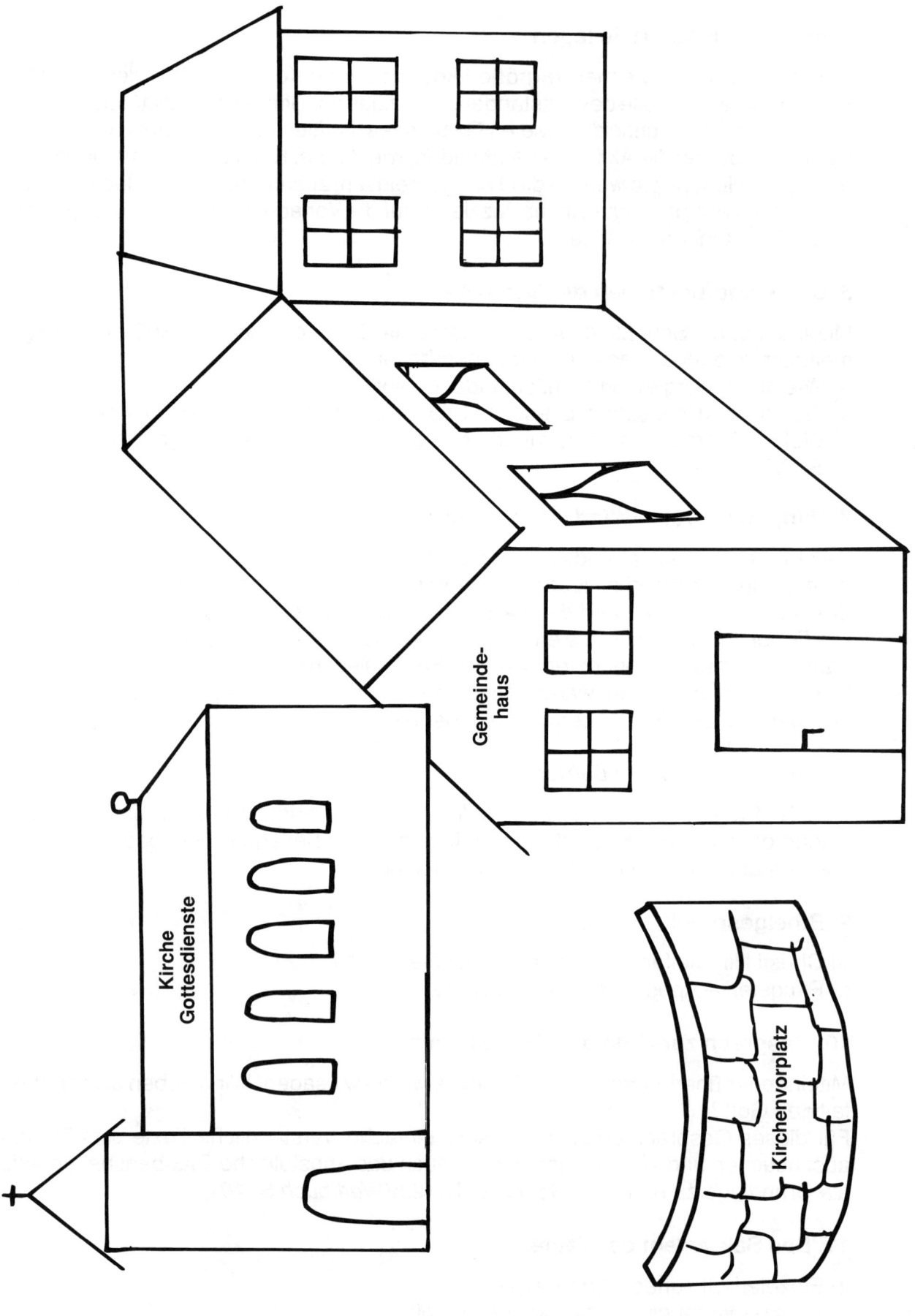

Gemeinde-
haus

Kirche
Gottesdienste

Kirchenvorplatz

34

Miteinander das Glaubensbekenntnis lesen und in Zusammenhang mit der Taufe bringen; evtl. auch den Text zur Tauferneuerung lesen *(Werkbuch S. 81).*

12. Geschichten und Texte

Die unvollkommene Kirche

Zum weisen Einsiedler kam eines Tages ein junger Mensch und sagte, er sei von der Kirche enttäuscht und suche die vollkommene Gemeinschaft der Gläubigen. Da führte ihn der Alte zum Mauerwerk seiner kleinen Kapelle und fragte ihn: »Sag mir, was du siehst.« »Ich sehe ein altes Gemäuer mit viel Unkraut und Moos«, entgegnete der Besucher. »Und doch wohnt Gott in diesem scheinbar ungepflegten Haus«, meinte der Einsiedler. »So ist es auch mit der Kirche. Sie kann nicht rein und perfekt sein, weil sie aus Menschen besteht. Auch du bist ein Mensch, und ich sage dir: Selbst wenn du die vollkommene Kirche findest, wird sie es in dem Augenblick nicht mehr sein, in dem du ihr beitrittst.«

Aus: image 5/6, 1984, Bergmoser + Höller Verlag, Aachen.

Die Baustelle

»Auf diesen Felsen ...«

Hier wird gebaut: Eine Kirche.
Baustelle der Zukunft.
Schauplatz kommender Ereignisse.

Unbefugte haben Zutritt.
Niemand ist an der Leine zu führen.
Spielende Kinder sind erwünscht.
Es darf gelacht werden.
Bürger, entfaltet eure Anlagen.
Das Betreten des Rasens
ist angeboten.

Hier wird gebaut: Eine Kirche.
Baustelle der Zukunft.
Schauplatz kommender Ereignisse.

Lothar Zenetti

Aus: Lothar Zenetti, Die wunderbare Zeitvermehrung, Verlag J. Pfeiffer, München 1979.

Wichtige Feste

Sandra und Thomas streiten sich über die wichtigsten Feste im Jahr. »Am allerwichtigsten ist Weihnachten!« sagt Sandra. »Schon wegen der Weihnachtsgeschenke.«
»Geburtstag ist genauso wichtig!« ruft Thomas und denkt dabei daran, daß er nächste Woche Geburtstag hat. Der große Wunschzettel liegt bereits auf Papas Schreibtisch.
»Gut, Weihnachten und Geburtstag sind gleich wichtig!« stimmt Sandra zu.
»Und dann kommt Ostern!« sagt Thomas.
»Ja, Ostern ist auch ganz schön wichtig!« meint Sandra, denn die bunten Ostereier ißt sie ganz besonders gern.
Danach einigen sich die Kinder noch darauf, daß der Nikolaustag und das Martinsfest auch wichtige Feste sind. Besonders deshalb, weil sie mitten im Winter gefeiert werden und weil sie etwas Geheimnisvolles haben. Thomas erinnert sich auch an die schöne Laterne, die er für den Martinsumzug gebastelt hat.
»Erntedankfest!« schlägt Sandra noch vor.
»Ja, das ist auch ganz schön wichtig!« meint Thomas. »Aber nicht so wichtig wie Geburtstag, Weihnachten und Ostern.«
»Und wie ist es mit Pfingsten?« fragt die Mutter, die aufmerksam ihren Kindern zugehört hat.
»Ja, Pfingsten ist eigentlich nicht so wichtig!« stellt Thomas fest, nachdem er eine Weile nachgedacht hat.
»Nein Pfingsten ist nicht so wichtig!« fügt Sandra hinzu. »Da gibt es noch nicht einmal lange Ferien!«
»Das stimmt!« sagt Thomas, der bereits zur Schule geht. »Die Osterferien und Weihnachtsferien sind viel länger!«
Die Mutter lacht. Dann sagt sie: »Ohne Pfingsten gäbe es bei uns kein Weihnachten und kein Ostern. Wir würden keines eurer allerwichtigsten Feste feiern. Wir würden nicht einmal wissen, daß es diese Feste gibt.«
Keine Weihnachtsgeschenke! Keine Ostereier!

Was soll das mit Pfingsten zu tun haben? Sandra und Thomas wundern sich nur.

»Pfingsten trafen sich die Freunde Jesu. Da schickte Gott sie in alle Welt, um allen Menschen von Jesus zu erzählen. Die Freunde nannten sich nach ihrem Herrn Jesus Christus. Sie nannten sich Christen. Sie erzählten überall von Jesus. Sie erzählten, daß er in einem Stall geboren wurde und später am Kreuz sterben mußte und daß er der König der Welt ist.«

»Deshalb gibt es Weihnachten und Ostern bei uns?« fragt Thomas mit großen Augen.

»Ja!« lacht die Mutter. »Seitdem gibt es viele Menschen auf der Welt, die Christen heißen, bei uns, in Italien, in Schweden, in Amerika, in Afrika, in Australien, in Asien ... überall auf der Welt!«

Jetzt fragt Sandra: »Woran erkennt man denn, daß sie Christen sind?«

»Sie sind getauft«, sagt die Mutter. »Sie gehen zur Kirche, sie feiern all die christlichen Feste, die an Jesus Christus erinnern, zum Beispiel Weihnachten und Ostern.«

»Und ohne Pfingsten gäbe es bei uns kein Weihnachten und kein Ostern?« fragt Sandra noch einmal.

Als die Mutter nickt, meint sie: »Dann ist Pfingsten doch ein ganz schön wichtiges Fest!«

»Ja, Pfingsten hat alles einmal angefangen!« sagt die Mutter. »Die Freunde Jesu zogen in die Welt hinaus und erzählten von ihrem Herrn.«

Rolf Krenzer

Aus: Rolf Krenzer, Glauben erlebbar machen, Herder Verlag, Freiburg 4. Auflage 1989.

Heilige sind Menschen, durch die die Sonne scheint *(Elsbeth Bihler, Symbole des Lebens – Symbole des Glaubens. Band I: Licht – Feuer, Lahn-Verlag, Limburg 1992, S. 63)*

10. Kapitel VII: Jesus sagt: Ich lade dich ganz herzlich ein

Zentrale Fragestellungen

Brot und Wein als Zeichen des Lebens deuten

Was sind Zeichen und Sakramente?

Das Sakrament der Eucharistie

Der Aufbau der Messe

Methodische Möglichkeiten

1. Arbeitsblatt: Was Zeichen bedeuten können

Einführung: »In unserem Leben benutzen wir viele Zeichen, die etwas ausdrücken, ohne daß wir sprechen müssen. Hier drei Beispiele:«
(Arbeitsblatt *S. 39*, Beispiele vorlesen und zu den Fragen ein Gespräch beginnen.)

2. Meditation: Brot und Rosen

Die Mitte wird gestaltet mit einem blauen Tuch, einem Brot, einer großen Hostie und einem Strauß Rosen. Der Text »Sakrament« *(siehe S. 38, 40)* wird vorgelesen. Danach erhält jede(r) den Text, um ihn bei ruhiger Musik noch einmal zu lesen. Austausch im Gespräch: Was scheint mir wichtig?

3. Bilder

Miteinander eines der folgenden Bilder betrachten und entdecken (als Dia, Folie, Handbild oder Poster). Miteinander überlegen:
Was sagen sie über die Eucharistie aus? Wie finden wir uns in diesem Bild wieder?

- Sieger Köder: Das Abendmahl (erhältlich beim Schwabenverlag, Ostfildern)

- Sieger Köder: Das Mahl der Sünder (erhältlich beim Schwabenverlag, Ostfildern)

- andere Darstellungen von Abendmahl und Eucharistie

4. Textstreifen-Puzzle und Legebilder

Die Teile der Messe werden als Textstreifen *(Vorlage siehe S. 101f.)* in die Mitte gelegt und der Reihenfolge nach sortiert. Falls es fertige Legebilder zur Meßfeier gibt *(Vorlagen siehe S. 99–111)*, können sie der Anschauung halber dazugelegt werden. Beim Legen der Textstreifen über die Bedeutung der verschiedenen Abschnitte der Meßfeier nachdenken, evtl. davor einen kurzen theologischen Überblick über die Meßfeier geben z. B. aus:
Leopold Haerst/Ernst Werner, Elterngespräche zu Eucharistie und Buße – Bausteine und Materialien, Deutscher Katechetenverein e.V., München 1984, S. 30–32.

5. Bibelgespräch

Zu einem der folgenden Bibeltexte wird ein Bibelgespräch durchgeführt:
- Johannes 6,48–51 (Jesus sagt: »Ich bin das Brot des Lebens.«)
- Johannes 15,1–8 (Jesus sagt: »Ich bin der Weinstock, ihr seid die Reben.«)
- 1 Korinther 11,23–25 (Einsetzungsbericht)
Oder es wird ein Vergleich der verschiedenen Abendmahlsberichte in den Evangelien und im 1. Korintherbrief angestellt: Matthäus 26,20–29
　　　　　　　　　　　　　　　　　　　　　　Markus 14,17–25
　　　　　　　　　　　　　　　　　　　　　　Lukas 22,14–23
　　　　　　　　　　　　　　　　　　　　　　1 Korinther 11,23–25

6. Tonbilder/Dias

Brot und Wein. Zwei Meditationen
20 Minuten, 16 Dias; Text: Elmar Gruber, Regie: Lado Pavlik, Impuls-Studio, München
Die Meditation über Brot und Wein wollen dem Betrachter in Wort und Bild die Verwandlungsphasen vom Weizenkorn zum Brot und von der Traube zum Wein sinnenfällig nahebringen. Auf diese Weise soll das tiefere Verständnis für den Symbolgehalt von Brot und Wein geweckt werden.

Meßfeier
33 Dias; av-edition, München
Sehr gute Diareihe; anregendes Textheft, in dem nicht nur die Dias beschrieben werden, sondern auch Arbeitsanregungen und Hinweise zur Weiterarbeit gegeben werden. Sehr empfehlenswert immer, wenn der Aufbau und Gehalt der Eucharistiefeier erarbeitet werden sollen.

7. Geschichten/Texte

Die Geschichte vom Brot *(Werkbuch S. 90)*

Die Geschichte vom Wein *(Werkbuch S. 96)*

Der Kelch *(Werkbuch S. 99)*

Ein Stück Brot
in meiner Hand
mir gegeben

> daß ich lebe
> daß ich liebe
> daß ich Speise bin
> für die andern

Ein Schluck Wein
in meinem Mund
mir gegeben

> daß ich lebe
> daß ich liebe
> daß ich Trank bin
> für die andern

Lothar Zenetti

Aus: Lothar Zenetti, Texte der Zuversicht,
Verlag J. Pfeiffer, München 1972.

Sakrament

was ist ein sakrament?

laßt mich erzählen,
was ein sakrament ist

die ganze welt
ist ein sakrament
die ganze welt
ist ein zeichen

alles
was ich hören kann
alles
was ich sehen kann
alles
was ich riechen kann
alles
was ich fühlen kann
alles
was ich schmecken kann

alles ist ein zeichen
für
ETWAS …

die welt ist spannender
die welt ist unendlich mehr
wenn ich glaube
daß sie ein großes ZEICHEN ist
von unausschöpfbarer
bedeutung
mein ganzes leben
wird der unaufhörliche versuch sein
die welt zu deuten …

auch die rose
ist ein unverwechselbares
seh- und duftzeichen
der welt
für das hinter allem
tief verborgene
UNSAGBARE

die rose ist ein sakrament …

zum beispiel:
ein junger mann liebt ein mädchen
er findet keine worte
dem mädchen zu sagen
daß er sie liebt

der junge mann
geht in einen blumenladen
und sucht
aus dem großen blumenkübel
sieben rote rosen aus
und kauft sie

er schenkt sie am abend
dem mädchen
das er liebt
sie ahnt wie kostbar die rosen
sind

in diese liebesbeziehung
hineingenommen
sind diese sieben roten rosen
nicht mehr die »bloßen« rosen im kübel
sie haben eine neue qualität bekommen
nicht nur für den jungen mann
sondern auch für das mädchen
das die rosen annimmt
und das zeichen
der sieben roten rosen
verstanden hat
die rosen sind
»verwandelt«
sie sind bedeutungsgeladen
mit neuer qualität
mit einer neuen realität erfüllt

sooft das mädchen die rosen anschaut
erinnert es sich an den
von dem die rosen kommen
die rosen sprechen

Arbeitsblatt

Was Zeichen bedeuten können

Drei Beispiele

Beispiel 1:
In der Familie A. vergißt der Mann immer den Hochzeitstag. Er weiß aber, wie sehr seine Frau sich freut, wenn sie an diesem Tag Rosen erhält, so wie bei der Hochzeit selbst. Daher ersucht er eine Blumenhändlerin in der Nähe, die er gut kennt, jährlich zum Hochzeitstag einen Strauß Rosen zu bringen.
Einmal kommt er an diesem Tag von der Arbeit heim und sieht die Rosen. Seine Frau hat sie schon auf den Tisch gestellt, auf dem sie ein festliches Essen anrichten wollte. »Wo kommen denn die teuren Rosen her?« fragt er. »Ich dachte, die sind von dir zum Hochzeitstag«, antwortet sie. »Ach ja, richtig, der ist ja heute«, gibt er zurück. Worauf sie am liebsten die Rosen wegwerfen würde.

Beispiel 2:
In der Familie B. sitzen die Eltern wie sonst auch am Hochzeitstag beim Frühstück. Blumen hat er noch keine gekauft, aber sie sprechen miteinander über dieses Ereignis und das Glück ihrer Ehe. Als sie zu essen beginnen, nimmt er eine Semmel, teilt sie in die Hälfte, bestreicht sie mit Butter und gibt sie ihr. Als er die andere Hälfte bestreichen will, nimmt sie ihm diese aus der Hand und tut es für ihn, um sie ihm dann zu reichen.

Beispiel 3:
Am Abend vor seinem Leiden nahm Jesus das Brot, segnete es, brach es und gab es seinen Freunden mit den Worten: »Nehmt und esset alle davon. Das ist mein Leib, der für euch (und für alle) hingegeben wird.«

Aus: P. Weß, Erstkommunion und Beichte. Hinführung in der Pfarrgemeinde, Verlag Styria, Graz/Wien/Köln 1978.

Fragen:
– Welcher Unterschied besteht zwischen den beiden Zeichen, den vom Blumen-laden gebrachten Rosen und der Geste, das Brot zu teilen und zu reichen?
– Was will das Teilen und Reichen des Brotes ausdrücken?
– Worin geht die Geste des Teilens und des Reichens des Brotes durch Jesus noch über die Bedeutung dieses Zeichens in Beispiel 2 hinaus?

und wirken
sakramental
sie bewirken
ein sich vergewissern
daß er
der junge mann
in diesen rosen
gegenwärtig ist
ihr nahe ist
die rosen sind eine große realität
im leben dieses mädchens
eine hochheilige realität

so ist auch
das BROT
das jesus als abschiedszeichen
seinen jüngern gab
und das die kirche
fortwährend
in diese beziehung
zwischen dem lebendigen jesus
und seiner lebendigen jüngergemeinde
der kirche
hineinnimmt
bei der messe
ein neues brot
brot von neuer qualität
bedeutungsgeladen

und realitätserfüllt
es wird als liebeszeichen
hochheilig
es wird das allerheiligste ...

jesus hat
als der urgeber
seiner jüngergemeinde
dem brot
eine neue realität
zugesprochen:
das bin ich
für euch
das ist mein leib und leben ...

so hat das kleinste scheibchen brot
in die liebesbeziehung
zwischen jesus christus
und seiner gemeinde hineingenommen
von jesus dem urgeber besprochen
eine neue ungeheure qualität
und bedeutung
und realität ...

Wilhelm Willms

Aus: Wilhelm Willms, Mitgift, eine Gabe, mitgegeben in die Ehe, Verlag Butzon & Bercker, Kevelaer 9. Auflage 1993 (gekürzt).

11. Kapitel VIII: Gott sagt: Du darfst mir alles erzählen

Zentrale Fragestellungen

Welche Erinnerung haben wir an Buße und Beichte?

Wie geschieht Versöhnung im Alltag?

Welche Lebensregeln sind uns wichtig?

Methodische Möglichkeiten

1. Bildbetrachtung

– Sieger Köder: Das Mahl der Sünder *(siehe S. 37)*
  Gemeinsam das Bild entdecken, jede(r) sagt, was er/sie sieht. Bei der Interpretation Überleitung vom Thema Eucharistie zum Thema Beichte/Versöhnung (dazu Schrifttext Lukas 15,11–32).
– Ernst Alt: Der wiedergefundene Vater
  (erhältlich beim Ars Liturgica Kunstverlag Maria Laach, Nr. 5282)

2. Schreibmeditation

»Wenn ich Beichte/Buße höre, denke ich an ...«
Dieser Satz steht auf einem Blatt Papier, das jede(r) erhält oder auf einem großen Blatt in der Mitte. Jede(r) schreibt spontan Assoziationen dazu. Anschließend Gespräch darüber.

3. Das Hauptgebot der Gottes- und Nächstenliebe

Das Arbeitsblatt 1 *(siehe S. 43)* wird ausgefüllt und dann besprochen.

4. Der Gewissenskompaß

Die vier Richtungen des Gewissenskompasses, Gott – Mitmenschen – Ich – Schöpfung *(vgl. Werkbuch S. 116)*, werden auf vier unterschiedliche Plakate geschrieben und in Kreuzform in die Mitte gelegt. Jede(r) schreibt spontan dazu, welche Verhaltensweisen dazugehören, um in die eine oder andere Richtung gut und richtig zu leben. Oder: Man läßt dazu schreiben, was in diese Richtung nicht gut und richtig ist.

5. Die Zehn Gebote

Die Zehn Gebote werden gelesen *(Werkbuch S. 115,* evtl. auch im Bibeltext Exodus 20,1–21).
– Miteinander versuchen, die Zehn Gebote in die heutige Zeit, in unser Leben zu übersetzen.
– Was haben die Zehn Gebote mit dem Hauptgebot der Gottes- und Nächstenliebe in der Mitte zu tun?

6. Gewissensbildung im Alltag

Die Geschichte »Anna lacht wieder« auf S. 112f. des Werkbuches miteinander lesen.
Gespräch:
Kennen wir aus unserem Alltag ähnliche Situationen?
Wie gehen wir zu Hause mit Schuld und Vergebung um?

7. Sich streiten – sich versöhnen

Arbeitsblatt 2 *(siehe S. 44)* bei ruhiger Musik jede(r) für sich bearbeiten und darüber nachdenken.

8. Biblische Zugänge

Die Texte Lukas 15,11–32 und Lukas 19,1–10 miteinander lesen und besprechen:
– Wie reagiert der Vater in der Geschichte Lukas 15?
– Warum ändert sich Zachäus in Lukas 19?
– Warum sind diese beiden Textstellen zentrale Schriftstellen für die Beichtvorbereitung?

9. Tonbilder/Dias

Buße und Beichte
1973; 21 Minuten, 36 Dias, ab 14 Jahre
In meditativer Weise wird ein neuer Zugang zur Beichte erschlossen.

Laßt euch versöhnen
Weingartner/Kirchhofer/Däschler, 1981; 20 Minuten, 42 Dias, ab 8 Jahre
Die Ton-Bildreihe soll helfen, die Fähigkeit zur Versöhnung, Buße, Umkehr und Einsicht gezielt zu entfalten.

Entschuldigt werden
8 Dias, ab 16 Jahre
Zeichnungen und Texte sollen verdeutlichen, daß Schuld immer Mangel an Liebe ist und daß wir unsere Schuld nur durch die Liebe Gottes bewältigen können.

10. Geschichten/Texte

Mut zur Umkehr

Mahatma Gandhi berichtet aus seinem Leben: »Ich war 15 Jahre alt, als ich einen Diebstahl beging. Weil ich Schulden hatte, stahl ich meinem Vater ein goldenes Armband, um die Schulden zu bezahlen. Aber ich konnte die Last meiner Schuld nicht ertragen. Als ich vor ihm stand, brachte ich vor Scham den Mund nicht auf. Ich schrieb also mein Bekenntnis nieder. Als ich ihm den Zettel überreichte, zitterte ich am ganzen Körper. Mein Vater las den Zettel, schloß die Augen, und dann – zerriß er ihn. ›Es ist gut‹, sagte er noch. Und dann nahm der mich in die Arme. Von da an hatte ich meinen Vater noch viel lieber.«

Die Bekehrung des Knaben

Rabbi Ahron kam einst in die Stadt, in der der kleine Mordechai, der nachmalige Rabbi von Lechowitz, aufwuchs. Dessen Vater brachte ihm den Knaben und klagte, daß er im Lernen keine Ausdauer habe. »Laßt ihn mir eine Weile hier«, sagte der Rabbi Ahron. Als er mit dem kleinen Mordechai allein war, legte er sich hin und bettete das Kind an sein Herz. Schweigend hielt er es am Herzen, bis der Vater kam. »Ich habe ihm ins Gewissen geredet«, sagte er, »hinfort wird es ihm an Ausdauer nicht fehlen.«

Wenn der Rabbi von Lechowitz diese Begebenheit erzählte, fügte er hinzu: »Damals habe ich gelernt, wie man einen Menschen bekehrt.«

Aus: Martin Buber, Die Erzählungen der Chassidim, Manesse Verlag, Zürich 1949.

Die Legende von den Steinen

Kamen zwei Frauen zu einem Starez und baten um Belehrung. Die eine hielt sich für eine große Sünderin. Sie hatte in der Jugend ihren Mann betrogen und quälte sich unablässig. Die zweite dagegen, die ihr Lebtag nach dem Gesetz gelebt hatte, machte sich keiner besonderen Sünde wegen Vorwürfe und war mit sich zufrieden. Der Starez fragte die beiden Frauen über ihr Leben aus. Die eine bekannte ihm unter Tränen ihre große Sünde. Sie erachtete ihre Sünde für so groß, daß sie keinerlei Vergebung erwartete; die zweite sagte, daß sie keinerlei besondere Sünden begangen habe.

Der Starez sagte zu der ersten: »Geh, du Magd Gottes, hinter die Umfriedung und such dir einen so schweren Stein, daß du ihn gerade noch tragen kannst, und bring mir ihn … Und du«, sagte er zu der zweiten, die sich keiner großen Sünde zeihen konnte, »bringe mir auch Steine, so viele du tragen kannst, aber lauter kleine.«

Die Frauen gingen und führten den Befehl des Starez aus. Die eine brachte einen großen Stein, die andere einen ganzen Sack voll kleiner Steinchen. Der Starez betrachtete die Steine und sagte: »Jetzt macht folgendes: tragt die Steine zurück und legt jeden wieder an den Platz, wo ihr ihn aufgelesen habt; und wenn ihr sie richtig hingelegt habt, kommt zu mir.«

Die Frauen gingen, um den Befehl des Starez auszuführen. Die erste fand mit Leichtigkeit den Platz, von wo sie den Stein weggenommen hatte, und legte ihn hin, wie er vordem gelegen hatte; aber die zweite konnte sich um keinen Preis erinnern, wo sie diesen oder jenen Stein weggenommen hatte, und kehrte deshalb, ohne den Befehl ausgeführt zu haben, zu dem Starez zurück.

»Siehst du«, sagte der Starez, »genauso ist es auch mit den Sünden. Du hast den großen und schweren Stein leicht an seinen früheren Ort zurückgelegt, weil du wußtest, wo du ihn weggenommen hast. Du aber konntest es nicht, weil du nicht mehr wußtest, wo du sie weggenommen hast. So ist es auch mit den Sünden. Du wußtest deine Sünde, trägst für sie die Vorwürfe der Menschen und deines Gewissens, wurdest demütig und hast dich so von den Folgen der Sünde frei gemacht.

Du dagegen«, wandte sich der Starez an die Frau, welche die kleinen Steine zurückgebracht hatte, »hast in kleinen Sünden gesündigt, wußtest sie nicht mehr, bereutest sie nicht, gewöhntest dich an ein Leben in Sünden, verurteiltest die Sünden anderer und verstricktest dich immer tiefer in die eigenen.

Wir sind alle Sünder, und wir werden alle zugrunde gehen, wenn wir sie nicht bereuen.«

Leo Tolstoi

Aus: Leo Tolstoi, Gesammelte Erzählungen in 6 Bänden in Kassette. Deutsch von Arthur und Eva Luther, Erich Müller, August Scholz und Erich Boehme. © 1985 by Diogenes Verlag AG Zürich.

Arbeitsblatt 1

Jesus wurde einmal gefragt, welches Gebot er für das wichtigste halte. Er antwortete:
»Du sollst den Herrn, deinen Gott, lieben mit ganzem Herzen, mit ganzer Seele und mit all deinen Gedanken. Das ist das wichtigste und erste Gebot.
Ebenso wichtig ist das zweite: Du sollst deine Nächsten lieben wie dich selbst. An diesen beiden Geboten hängt das ganze Gesetz samt den Propheten.« (Matthäus 22,37–40)
Der große Kirchenlehrer Augustinus hat dies auf die kurze Formel gebracht:
»Liebe, und dann tue, was du willst.«

Gesprächsimpuls:

Was meinen Sie? Wenn jemand …	Sündigt er dann?
stiehlt oder fremdes Eigentum beschädigt	
einen anderen verletzt oder sogar tötet	
die Unwahrheit sagt, bzw. die Wahrheit verschweigt	
sonntags nicht zur Kirche geht	
übermäßig trinkt, ißt oder raucht	
nicht an Gott glaubt und nicht betet	
Karriere machen will in seinem Beruf	
bei Rot über die Ampel geht oder fährt	
sich um die Not der anderen nicht kümmert	
mit einem bestimmten Kollegen oder Nachbarn nichts mehr zu tun haben will	

Wann, meinen Sie, sündigt jemand, vielleicht sogar schwer?
Halten Sie einen »Gewissensspiegel«, eine Liste mit Fragen zur Gewissenserforschung, für sinnvoll?

Aus: Leopold Haerst/Ernst Werner, Elterngespräche zu Eucharistie und Buße – Bausteine und Materialien; Deutscher Katechetenverein e. V., München 1984.

Arbeitsblatt 2

Sich streiten – sich versöhnen
Wie geht das in meiner Familie?

Die folgenden Gesprächsanregungen sind nicht, zumindest nicht in erster Linie, als »Gewissenserforschung« gedacht. Sie sollen vielmehr Hilfe geben, Mechanismen und Möglichkeiten für Streit und Versöhnung im Leben der Familie zu entdecken und miteinander auszutauschen.

Gesprächsimpulse:

- Was sind in unserer Familie die häufigsten Anlässe für Streit, Uneinigkeit, Konflikt? (Beispiele suchen, erzählen, wie's weiterging)

- Streiten wir überhaupt noch miteinander, oder gehen wir uns von vornherein schon aus dem Weg, leben nebeneinander her?

- Wie tragen wir in unserer Familie einen Konflikt, unterschiedliche Meinungen, gegensätzliche Bedürfnisse fair miteinander aus? (Beispiele suchen, Lösungsmöglichkeiten entdecken)

- Wie reagieren wir, wenn zwei in der Familie sich streiten? Halten wir uns heraus? Mischen wir uns ein? Ergreifen wir Partei? Wecken wir Verständnis ...? (Beispiele suchen, Gefühle mitteilen, angemessenes Verhalten durchspielen)

- Wie »feiern« wir in der Familie Versöhnung? (Gesten der Versöhnung entdecken, Möglichkeiten suchen, Versöhnung zu feiern)

Aus: Leopold Haerst/Ernst Werner, Elterngespräche zu Eucharistie und Buße – Bausteine und Materialien, Deutscher Katechetenverein e. V., München 1984.

II. Spiele

1. Einführung

Lernen beim Spielen, Erfahrungen im Spielen vertiefen und aus dem Inneren wieder hervorholen sind wichtige Elemente der Katechese. Deshalb sind schon im Werkbuch einzelne Spiele als Anregung für die Gruppenarbeit in der Kommunionvorbereitung enthalten. Diese und neue Spiele werden im Folgenden vorgestellt.
Spiele wie »Das Stolpersteinspiel« und »Das Spiel zum Gewissenskompaß« können im Rahmen der Beichtvorbereitung eingesetzt werden *(siehe Kap. VIII im Werkbuch)*. Das Würfelspiel »Unsere Gemeinde« dient dazu, die eigene Gemeinde besser kennenzulernen *(siehe Kap. VI im Werkbuch)*. »Das große Spiel vom Brot« ergänzt die Eucharistievorbereitung *(siehe Kap. VII im Werkbuch)*. Das »Quartett zum Werkbuch« schließlich führt noch einmal alle Themen der Vorbereitungszeit spielerisch vor Augen.
Alle Spiele werden hier als Vorlage gegeben, da es den Kindern und Familien sicher Freude machen wird, ihre Spiele selbst herzustellen.
Sind die Spiele in der Gemeinde in einer »Spielecke« vorrätig, können sie auch bei anderen Gemeindeaktionen und Treffen von Eltern und Kindern immer wieder an die Zeit der Kommunionvorbereitung erinnern.

2. Das Stolpersteinspiel

Das Stolpersteinspiel ist auch auf S. 61 des Werkbuches zu finden. In der Fastenzeit als einer Zeit der Umkehr und Besinnung klingt mit dem Symbol des »Steines« als »Schuldstein« schon ein Element der Beichtvorbereitung an.

Herstellung:

Der Spielplan wird vergrößert kopiert und auf Pappe geklebt.
Damit er länger hält, kann man ihn mit dünner Klebefolie überspannen.
Das Spielen macht natürlich mehr Freude, wenn der Spielplan schön bunt aussieht.

Material:

Spielplan
Spielpüppchen nach Anzahl der Mitspieler/innen (ca. 2–6 Personen)
Würfel
Papier
Stifte
Streichhölzer

Spielregel:

Es wird der Reihe nach gewürfelt. Jeder setzt die Zahl, die er gewürfelt hat. Wenn jemand auf einen »Stolperstein« kommt, muß er die unten angegebene Aufgabe erst lösen, bevor er weiterspielen darf. Die anderen dürfen helfen!

5. Auf dem Weg zur Schule fällt dir ein: Du hast vergessen zu beten. Schreibe ein schönes Morgengebet auf!

9. An der Straße steht Thomas. Er möchte gerne mit dir gehen. Du magst ihn nicht

Das Stolper-stein-Spiel

und läufst ihm weg. Dann tut es dir leid. Du wartest und mußt eine Runde aussetzen.

12. Du hast deine Hausaufgaben vergessen. Ihr solltet eine Jesus-Geschichte aufschreiben. Erzähle jetzt eine!

17. Du streitest dich mit deinem Freund/deiner Freundin. Ihr beginnt auf dem Schulhof euch zu prügeln, weil jeder der erste beim Spielen sein wollte. Nenne drei Möglichkeiten, wie man sich friedlich darüber einigen könnte!

21. Petra aus eurer Klasse liegt schon lange krank zu Hause. Du hast bisher vergessen, sie zu besuchen. Jetzt nimmst du es dir vor. Male auf, was du ihr mitbringen kannst!

26. Auf dem Nachhauseweg gehst du mit deinem Freund/deiner Freundin in einen Laden. Die Schokolade verlockt so, daß ihr unauffällig eine mitnehmt, ohne zu bezahlen. Das ist stehlen. Geh zurück nach Hause (auf Feld Nr. 1) zum Geld holen, und fang von vorne an!

28. Ihr lauft bei Rot über eine Ampel und gefährdet damit andere Leute! Du mußt zweimal aussetzen.

30. Du hast Ärger mit deiner kleinen Schwester. In deiner Wut auf sie machst du ihre Puppenstube kaputt. Das mußt du wieder in Ordnung bringen! Lege ihr aus diesen Streichhölzern hier eine neue Puppenstube!

31. Deine Mutter möchte, daß du ihr hilfst. Du hast keine Lust und gibst ihr eine patzige Antwort. Sie ist sehr traurig. Nachher tut es dir leid, und du bittest sie um Verzeihung. Geh zwei Felder zurück, aber dein Würfeln zählt jetzt doppelt!

32. Dein kleiner Bruder möchte mit dir spielen. Du hast keine Lust und wimmelst ihn ab. Jetzt willst du es besser machen. Bastele ihm aus Papier einen Hut, ein Flugzeug oder ein Schiff!

34. Bei der Gruppenstunde schwätzt du dauernd und störst alle anderen. Deshalb darfst du jetzt kein Wort sprechen, bis du wieder dran bist.

3. Unsere Gemeinde – Würfelspiel

Dieses Spiel dient dem Kennenlernen der Gemeinde *(siehe Werkbuch S. 79)*. Jedem Symbol im Spielplan sind bestimmte Personengruppen, Gruppen der Gemeinde, Aktionen und Gottesdienste zugeordnet, nach denen, wie unten beschrieben, gefragt wird.

Herstellung:

Der Spielplan wird vergrößert kopiert und auf Papier geklebt.
Damit er länger hält, kann man ihn mit dünner Klebefolie überspannen.
Das Spielen macht mehr Freude, wenn der Spielplan schön bunt aussieht. Jedes Symbol kann z. B. eine eigene Farbe bekommen.

Material:

Spielplan
Würfel
Spielpüppchen nach Anzahl der Mitspieler/innen (ca. 2–6 Personen)
Erklärungen zu den Feldern

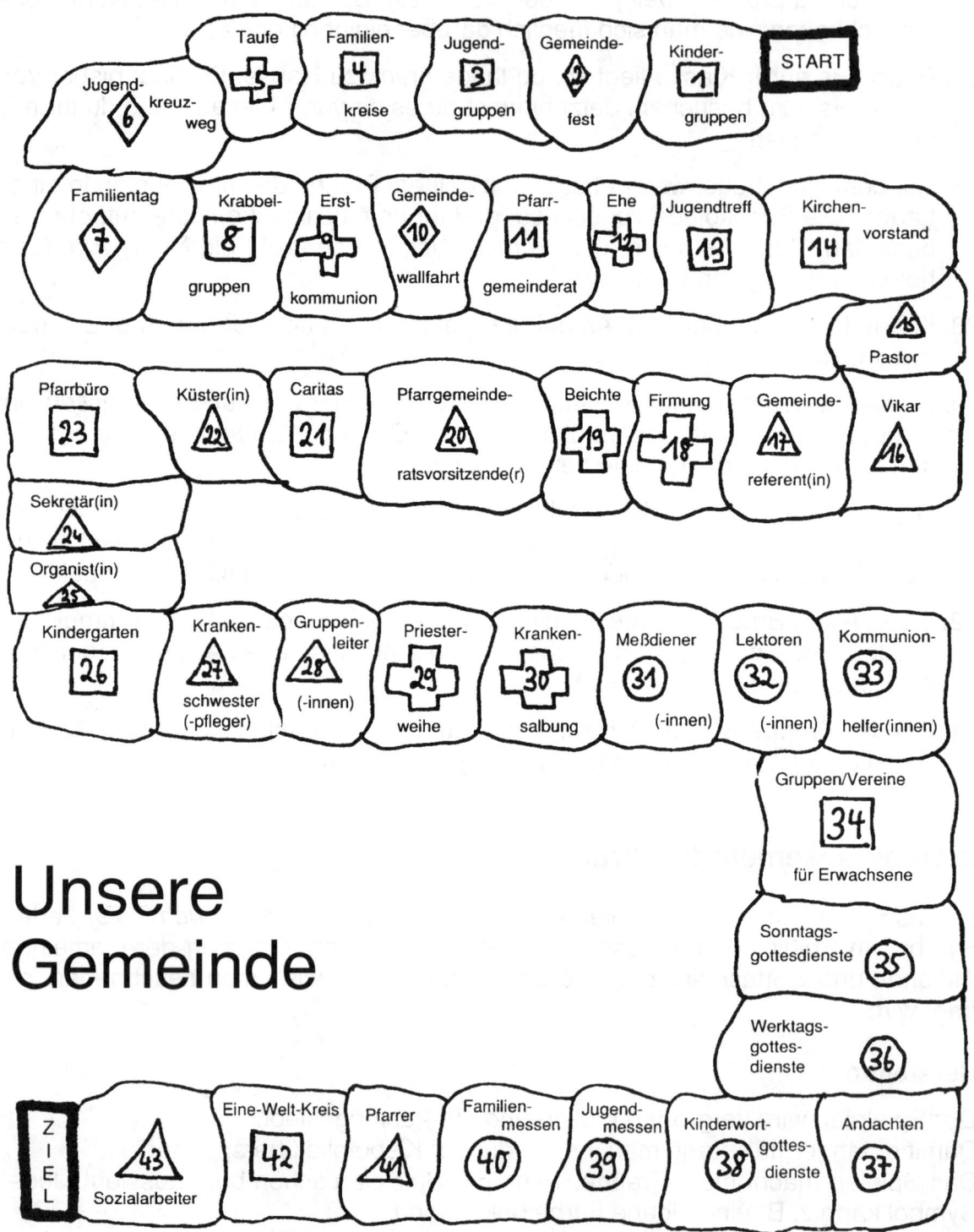

START

Kinder-gruppen 1

Gemeinde-fest 2

Jugend-gruppen 3

Familien-kreise 4

Taufe 5

Jugend-kreuz-weg 6

Familientag 7

Krabbel-gruppen 8

Erst-kommunion 9

Gemeinde-wallfahrt 10

Pfarr-gemeinderat 11

Ehe 12

Jugendtreff 13

Kirchen-vorstand 14

Pastor 15

Vikar 16

Gemeinde-referent(in) 17

Firmung 18

Beichte 19

Pfarrgemeinde-ratsvorsitzende(r) 20

Caritas 21

Küster(in) 22

Pfarrbüro 23

Sekretär(in) 24

Organist(in) 25

Kindergarten 26

Kranken-schwester (-pfleger) 27

Gruppen-leiter (-innen) 28

Priester-weihe 29

Kranken-salbung 30

Meßdiener (-innen) 31

Lektoren (-innen) 32

Kommunion-helfer(innen) 33

Gruppen/Vereine 34 für Erwachsene

Sonntags-gottesdienste 35

Werktags-gottes-dienste 36

Andachten 37

Kinderwort-gottes-dienste 38

Jugend-messen 39

Familien-messen 40

Pfarrer 41

Eine-Welt-Kreis 42

Sozialarbeiter 43

ZIEL

Unsere Gemeinde

Spielregel:

Es wird reihum gewürfelt. Der/die Mitspieler(in) mit der höchsten Punktzahl beginnt. Kommt man auf ein Feld, schaut man nach, was unter dem betreffenden Symbol als Fragestellung steht, und versucht, diese Fragestellung zu beantworten. Falls es eine bestimmte Aktion, Person oder Gruppe in der Gemeinde nicht gibt, sagt man einfach: Das gibt es nicht. Wer etwas, das es gibt, nicht weiß, muß einmal aussetzen. Wenn jemand anderes es weiß, sollte es aber erklärt werden (Es lohnt sich, sich vorher zu erkundigen.).

Den Symbolen sind folgende Fragestellungen zugeordnet:

△ = einzelne Personen. Wie heißen sie?

□ = Gruppen und Einrichtungen. Was tun sie? Kennst du jemanden, der dazugehört?

○ = Gottesdienste. Wann sind sie? Für wen sind sie gedacht?

◇ = Aktionen. Was ist das? Wann finden sie statt?

♣ = Sakramente. Was wird dort gefeiert? Was geschieht?

Erklärungen zu den Feldern

1. Kindergruppen
Wöchentliche, vierzehntägige oder auch monatliche Treffen von Kindern unter Leitung von Jugendlichen oder Erwachsenen, im Rahmen von Kinder- und Jugendverbänden oder auch in freier Trägerschaft. Die Kinder treffen sich zum gemeinsamen Spiel, zum Erfahrungsaustausch, zum Basteln, um gemeinsam im Rahmen der Gemeinde etwas zu erleben.

2. Gemeindefest
auch Pfarrfest, Kirchweih oder Pfarrfamilienfest genannt. Hier trifft sich die ganze Pfarrgemeinde, alle Gruppen und Menschen, die Lust haben dabeizusein.

3. Jugendgruppen
Den Kindergruppen (siehe Nr. 1) vergleichbar, nur für Jugendliche.

4. Familienkreise
Gruppen von ca. 5–7 Familien. Die Ehepaare treffen sich meist monatlich zum Gespräch; oft unternehmen die Familien etwas gemeinsam. Gesprächsthemen kreisen um das Leben und den Glauben in allen ihren Möglichkeiten.

5. Taufe
Das Sakrament der Taufe empfangen die meisten Christen bei uns im Babyalter. Die Eltern bringen ihre Kinder in die Gemeinde. Dadurch werden die Kinder zu Mitgliedern der Kirche in der konkreten Gemeinde vor Ort.

6. Jugendkreuzweg
Gemeint ist der ökumenische Jugendkreuzweg, wie er seit den fünfziger Jahren, damals als gemeinsamer Jugendkreuzweg der Konfessionen und der beiden Teile Deutschlands gedacht, durchgeführt wird. Er findet einmal im Jahr statt, in der Regel am Freitag vor dem Palmsonntag.

7. Familientag
auch Familiensonntag oder Familiennachmittag genannt. Gemeint ist ein Tag, an dem alle Familien der Gemeinde zu einem Treffen eingeladen sind, miteinander spielen, gestalten, singen, reden … und essen können.

8. Krabbelgruppen
auch Mutter/Vater- Kindgruppen oder Knirpstreffen genannt. Gemeint sind Gruppen, in denen sich Eltern (meist Mütter) mit ihren Kindern im Krabbelalter (0–3 Jahre alt)

treffen, erzählen, sich mit den Kindern beschäftigen und Kontakte mit der Gemeinde bekommen.

9. Erstkommunion
Durch den ersten Empfang der heiligen Kommunion werden Christen in die Mahlgemeinschaft der Gemeinde aufgenommen.

10. Gemeindewallfahrt
In vielen Gemeinden ist es üblich, einmal im Jahr eine gemeinsame Wallfahrt im Bus, mit dem Fahrrad oder zu Fuß zu machen. Oft ist das ein Stationengang, an dem bei jeder Station gebetet und gesungen wird. Zum Abschluß wird dann gemeinsam die Messe gefeiert.

11. Pfarrgemeinderat
Das ist eine Gruppe von Männern und Frauen, die von der Gemeinde gewählt sind und mit den hauptamtlichen Priestern und Mitarbeiter(inne)n gemeinsam beraten, welche Aufgaben in der Gemeinde wichtig sind.

12. Ehe
Die Ehe ist das Sakrament, das sich Mann und Frau gegenseitig spenden. Sie versprechen Gott und der Gemeinde, miteinander zu leben, eine Familie zu gründen und einander treu zu sein.

13. Jugendtreff
Gemeint ist eine offene Begegnungsstätte für Jugendliche in der Gemeinde: Jugendcafé, Teestube, Bistro …

14. Kirchenvorstand
Das sind Männer und Frauen, die von der Gemeinde gewählt werden, um die finanzielle Verwaltung (z. B. die Durchführung der notwendigen Baumaßnahmen oder Erhaltung und Pflege von Gebäuden und Außenanlagen zu organisieren oder Personal einzustellen) einer Gemeinde gemeinsam mit dem Pfarrer durchzuführen.

15./16./41. Pastor/Vikar/Pfarrer
In manchen Gemeinden gibt es außer dem Pfarrer noch andere Priester. Sie werden Vikar, Kaplan oder Pastor genannt. Der Pfarrer leitet die Gemeinde. Die anderen Priester helfen ihm dabei. Sie sind meistens jünger als der Pfarrer.

17. Gemeindereferent(in)
Das sind Männer oder Frauen, die hauptberuflich gemeinsam mit den Priestern in manchen Gemeinden arbeiten.

18. Firmung
Bei der Spendung des Sakraments der Firmung bekommt der Christ – meistens durch einen Bischof – die Hand aufgelegt und wird mit Chrisam gesalbt. Damit wird ihm der Heilige Geist geschenkt. Christen erhalten dieses Sakrament oft dann, wenn sie sich eigenverantwortlich für ihren Glauben entschieden haben.

19. Beichte
Im Sakrament der Beichte oder Bußsakrament bekennen Christen vor dem Priester als Stellvertreter Christi und der Gemeinde ihre Sünden. Durch die »Lossprechung« erhalten sie Vergebung.

20. Pfarrgemeinderatsvorsitzende(r)
Ein Mann oder eine Frau, der/die vom Pfarrgemeinderat gewählt ist und die Sitzungen des Pfarrgemeinderates leitet.

21. Caritas
Eine Einrichtung in der Gemeinde, die sich darum bemüht, den Notleidenden in der Gemeinde zu helfen.

22. Küster(in)
Ein Mann oder eine Frau, der/die sich darum kümmert, daß für den Gottesdienst alles bereitgestellt wird und die Kirche schön ist.

23. Pfarrbüro
Im Pfarrbüro wird die Verwaltung einer Gemeinde durchgeführt. Außerdem gibt es Bürozeiten, zu denen die Menschen kommen, um ihre Wünsche an die Gemeinde zu besprechen (z. B. Taufanmeldungen).

24. Sekretär(in)
Sie/er ist zu den Bürozeiten im Pfarrbüro, spricht mit den Menschen, die kommen, führt notwendige Schreibarbeiten für die Gemeinde durch usw.

25. Organist(in)
Ein Mann oder eine Frau, der/die im Gottesdienst die Lieder mit der Orgel begleitet und durch Musik den Gottesdienst schöner macht. Oft leitet er/sie auch den Kirchenchor.

26. Kindergarten
Eine offizielle Einrichtung in vielen Gemeinden für Kinder von 3–6 Jahren.

27. Krankenschwester(-pfleger)
In vielen Gemeinden müssen alte und kranke Menschen zu Hause gepflegt werden. Diesen Dienst übernimmt die »ambulante Krankenpflege«, bei der Krankenschwestern bzw. Krankenpfleger angestellt sind.

28. Gruppenleiter(innen)
Jugendliche oder Erwachsene, die eine Kinder- oder Jugendgruppe leiten.

29. Priesterweihe
Durch Handauflegung des Bischofs werden Männer zu Priestern geweiht. Wenn jemand aus einer Gemeinde Priester wird, feiert er nach der Weihe seine erste Messe mit seiner Heimatgemeinde. Diese Messe heißt dann »Primizfeier«.

30. Krankensalbung
Das Sakrament der Krankensalbung wird durch den Priester an kranke Menschen gespendet, damit sie von Gott Kraft und Stärkung für ihr Leiden erfahren. Die Krankensalbung wird oft einzelnen Menschen gespendet. In manchen Gemeinden gibt es aber auch gemeinschaftliche Feiern der Krankensalbung.

31. Meßdiener(innen)
Das sind Jungen und Mädchen, meist Kinder und Jugendliche, aber auch Erwachsene, die dem Priester bei der Meßfeier helfen.

32. Lektor(inn)en
Männer und Frauen, die im Gottesdienst die Lesung und die Fürbitten vorlesen.

33. Kommunionhelfer(innen)
Männer und Frauen, die dem Priester beim Austeilen der Kommunion helfen.

34. Gruppen/Vereine für Erwachsene
Erwachsene treffen sich häufig in Verbänden und Vereinen innerhalb der Gemeinde. Andere treffen sich, um bestimmte Dinge miteinander zu tun, z. B. zum Bibelgespräch, zum Basteln, zum Erfahrungsaustausch.

35./36. Sonntagsgottesdienste/Werktagsgottesdienste
Messen am Sonntag und an Werktagen.

37. Andachten
Gottesdienste zu bestimmten Anlässen, die keine Meßfeiern sind, z. B. Rosenkranz-andachten, Kreuzwegandachten, Maiandachten, Vespern.

38. Kinderwortgottesdienste
Gottesdienste, die nur für Kinder gedacht sind, entweder für Kleinkinder zu einem eigenen Zeitpunkt oder auch parallel zum Wortgottesdienst am Sonntag (Bei diesen Gottesdiensten kommen die Kinder dann zur Gabenbereitung in die Kirche.).

39. Jugendmessen
Messen, die von Jugendlichen für Jugendliche oder auch für die ganze Gemeinde gestaltet werden.

40. Familienmessen
Messen, die von Erwachsenen und Kindern vorbereitet und gestaltet werden für die ganze Gemeinde.

42. Eine-Welt-Kreis
auch Dritte-Welt-Kreis genannt. Menschen, die sich zusammentun, um miteinander in der Gemeinde das Bewußtsein wachzuhalten, daß es Menschen in anderen Län-dern der Welt schlechter geht als uns und daß wir ihnen helfen müssen.

43. Sozialarbeiter(in)
In manchen Gemeinden gibt es einen Sozialarbeiter oder eine Sozialarbeiterin, der/die sich gemeinsam mit der Caritas (siehe Nr. 21) um die armen und notleiden-den Menschen in der eigenen Gemeinde kümmert.

4. Das große Spiel vom Brot

Das große Spiel vom Brot wird von einer großen Gruppe, am besten von Eltern und Kindern gemeinsam, gespielt. Es ist ein »Aufgabenspiel«, d. h. zu jedem Feld im Spielplan gilt es, eine bestimmte Aufgabe zu lösen. Für die Durchführung benötigt man ein ganzes Pfarrheim o. ä. In spielerischer, kreativer und oft amüsanter Form wird hier das Symbol »Brot« im Rahmen der Eucharistievorbereitung Kindern und Eltern nähergebracht.

Herstellung:

Der Spielplan wird vergrößert kopiert, auf Pappe geklebt und bunt gemalt. Damit er länger hält, kann man ihn mit dünner Klebefolie überspannen. 30 Begriffskarten müs-sen hergestellt werden: Auf Karten in Postkartengröße schreibt man auf die eine Seite je eine Zahl von 1–30 und auf die Rückseite jeweils den dazugehörigen Begriff (siehe »Aufgaben«).

Material:

Spielplan
Spielpüppchen (pro Gruppe ein Püppchen)
ein Würfel
30 Begriffskarten in Postkartengröße
ein »Aufgabenzettel«, auf dem zu den entsprechenden Nummern und Begriffen die dazugehörigen Aufgaben beschrieben sind

Zeitungspapier
Stifte
Papier zum Beschreiben und Bemalen
Bindfaden
Tennisball
Geldmünzen
Plakatkarton mit Darstellung eines Mühlsteins (Kreise mit Mittelpunkt)

Spielregel:

Außerhalb des Raumes, in einem großen Raum auch innerhalb, werden die 30 Begriffskarten mit der Nummer nach oben, quer durcheinander und etwas versteckt mit Klebeband an die Wand geheftet.

Im Spielraum sind in den vier Ecken verteilt:
– ein Tisch mit Spielplan, ein Spielpüppchen für jede Gruppe und ein Würfel (dahinter steht der/die Spielleiter[in]),
– ein Tisch, auf dem das für die jeweiligen Aufgaben benötigte Material liegt (dahinter steht die Person, die das benötigte Material ausgibt),
– ein Stuhl, auf dem die Person sitzt, die die Aufgaben vorliest, wenn eine Gruppe den Begriff zur Zahl gefunden hat,
– ein Stuhl, auf dem der/die Schiedsrichter(in) sitzt, der/die entscheidet, ob die Aufgaben richtig erfüllt werden.

Es bilden sich 3 bis 6 Gruppen von mindestens 3 Personen. Jede dieser Gruppen erhält ein Püppchen auf dem Spielplan. Es wird ausgelost, welche Gruppe zuerst würfeln darf. Jede Gruppe (bzw. der/die Vertreter[in]), die gewürfelt hat, setzt ihr Püppchen auf die entsprechende Feldzahl. Dann läuft die Gruppe geschlossen los, um das Begriffskärtchen mit der Nummer (draußen) zu finden. Sie hebt das Kärtchen hoch und liest den Begriff, der auf der Rückseite steht (Kärtchen unbedingt hängen lassen!).
Dann läuft die Gruppe zu der Person, die die Aufgaben vorliest. Die Aufgabe wird erst dann gestellt, wenn die ganze Gruppe da ist.
Falls Material gebraucht wird, kann es jetzt am Materialtisch geholt werden und die gelöste Aufgabe dem/der Schiedsrichter(in) vorgestellt werden. Wenn der/die Schiedsrichter(in) einverstanden ist, darf die Gruppe weiterwürfeln. Sieger ist die Gruppe, die als erste die Nummer 30 erreicht. (Die Nummer 30 muß genau erreicht werden. Beim Überwürfeln muß die entsprechende Punktzahl zurückgesetzt werden, d. h., wenn eine auf Nr. 29 stehende Gruppe eine Drei würfelt, muß sie ein Feld vor und zwei Felder zurück auf die Nr. 28.)

Aufgaben

1. Bäckerei
Erzählt, wie man ein Brot backt!

2. Bäckermütze
Bastelt für jeden eine Bäckermütze aus Zeitungspapier und setzt sie auf!

3. Bauer
Der Bauer freut sich über die gute Ernte: Zwei Felder vorrücken.

4. Brotlied
Singt ein Brotlied! Fällt euch keines ein, dichtet selber eines!

5. Wind
Stellt Windmühlen dar, die sich im Wind bewegen!

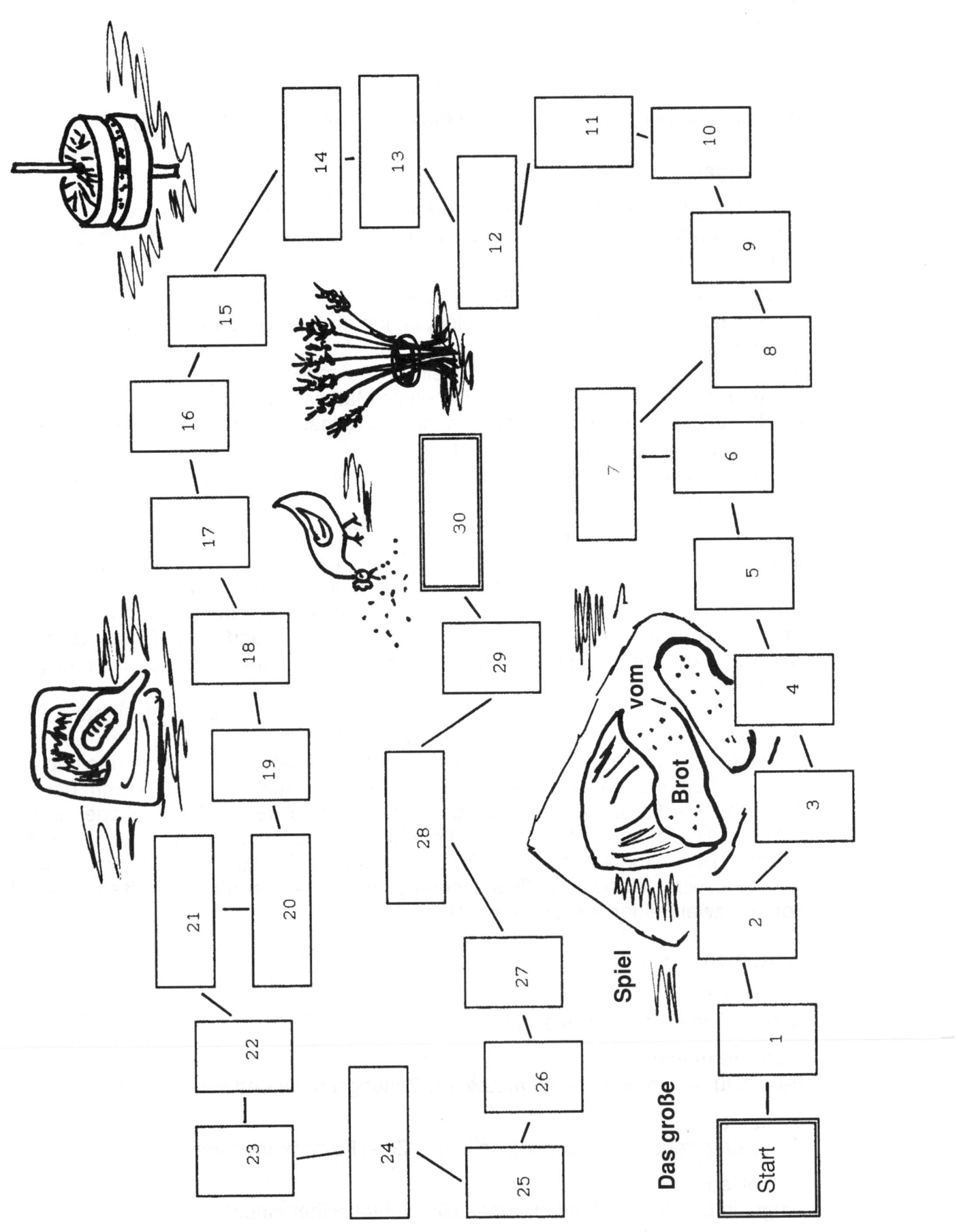

Das große Spiel vom Brot

Start

1 2 3 4 5 6 7 8 9 10 11 12 13 14 15 16 17 18 19 20 21 22 23 24 25 26 27 28 29 30

54

6. Bravo!
Ihr habt euer Brot aufgegessen, ohne etwas liegenzulassen: Noch einmal würfeln.

7. Brotreste
Was kann man mit Brotresten sinnvoll machen?
Macht Schweine und Hühner nach, die Brotreste verspeisen.

8. Essen
Schreibt ein Gebet vor dem Essen!

9. Düngemittel
Zuviel Düngemittel schadet dem Wachstum der Saat: Drei Felder zurück.

10. Frühstück
Spielt eine Familie beim Frühstück!

11. Mühle
Ein oder zwei von euch singen das Lied »Es klappert die Mühle am rauschenden Bach« und die anderen tanzen danach.

12. Heilige Messe
Malt das Brot, das in der heiligen Messe verwendet wird!

13. Garbe
Stellt eine Garbe auf dem Feld dar, und umwickelt sie mit einem Faden!

14. Mehlsack
Eine Hälfte von euch sind Müller, die anderen sind Mehlsäcke, die von den Müllern drei Meter weit getragen werden müssen.

15. Regen
Kein Regen, die Saat kann nicht wachsen: Fünf Felder zurück.

16. Berufe
Nennt drei Berufe, die mit Brot zu tun haben, und stellt sie dar!

17. Hilfe
Überlegt sinnvolle Möglichkeiten, wie man hungernden Kindern helfen kann!

18. Fastenzeit
Ihr habt euch vorgenommen, in der Fastenzeit für Hungernde zu sparen: Ein Feld vor.

19. Hungerbrot
Ihr möchtet Geld spenden für hungernde Kinder. Zeichnet das Geld, indem ihr Münzen unter ein Papier legt und mit dem Bleistift an der Stelle über das Papier reibt, unter der die Münze ist!

20. Gebet
Schreibt ein Gebet nach dem Essen!

21. Weizenfeld
Stellt ein Weizenfeld dar, durch das der Wind tobt!

22. Pausenbrot
Ihr habt euer Pausenbrot weggeworfen: Zwei Felder zurück.

23. Ernte
Wie heißt die Maschine, mit der auf dem Feld gemäht und gedroschen wird? Versucht, sie nachzumachen!

24. Korb
Bastelt Brotkörbchen aus Zeitungspapier!

25. Backofen
Stellt einen Backofen dar und ein Brot, das hineingeschoben wird!

26. Rätsel
Was braucht Getreide, damit es wachsen kann?
»Es ist sauberer vor dem Waschen und schmutziger nach dem Waschen.«

27. Mühlstein
Versucht, mit einem Ball den Mühlstein an der Wand zu treffen! Jeder aus der Gruppe hat einen Versuch.

28. Brotsorten
Nennt sechs Brotsorten!

29. Hase
Spielt Hasen, die durch ein Feld hoppeln!

30. Hurra!
Ihr habt es geschafft und dürft einen Freudentanz tanzen.

5. Das Spiel zum Gewissenskompaß

Dieses Spiel gehört zum Bereich der Beichtvorbereitung, wie sie im Werkbuch unter Kap. VIII Abschnitt 5 (»Wie wir gut und richtig leben können«) vorgesehen ist. Nachdem die Kinder den »Gewissenskompaß« kennengelernt haben, können sie in diesem Spiel beispielhaft miteinander überlegen, wie wir Menschen in die eine oder andere Richtung »gut und richtig« leben können. So dient dieses Spiel der Gewissensbildung und auch der Gewissenserforschung.

Herstellung:

Den Spielplan vergrößert kopieren, und den Kompaß entsprechend der Vorlage auf der kleinen Broschüre »Du zeigst uns den Weg. Feier der Versöhnung für Kinder« bunt malen.
Die schraffierten Punkte in den einzelnen Bereichen ebenfalls in der entsprechenden Farbe bemalen:

Bereich **Gott**	gelb
Bereich **Mitmenschen**	rot
Bereich **Ich**	blau
Bereich **Schöpfung**	grün.

Zu jedem Bereich werden 10 Ereigniskärtchen hergestellt:
Die Ereignisse zu den vier Bereichen *(siehe S. 58–61)* werden kopiert und ausgeschnitten. Dann werden sie auf entsprechend den Bereichen gefärbtes Tonpapier oder Fotokarton geklebt.

Material:

Spielplan
je 10 Ereigniskärtchen zu den einzelnen Richtungen des Kompasses
Spielpüppchen nach Anzahl der Mitspieler/innen (ca. 2–8 Personen)
ein Würfel

Spielregel:

Von den Feldern, die mit »A« gekennzeichnet sind, starten je 1–2 Spieler(innen) in Pfeilrichtung. Wer die niedrigste Punktzahl beim ersten Würfeln hat, darf beginnen. Dann wird der Reihe nach im Uhrzeigersinn gewürfelt. Kommt ein(e) Mitspieler(in) auf ein schraffiertes Feld, zieht er/sie ein Ereigniskärtchen in der entsprechenden Farbe. Er/sie liest vor, was auf dem Kärtchen steht und darf den ersten Lösungsversuch vorschlagen. (Falls Kinder mitspielen, die noch nicht gut lesen können, ist es sinnvoll, daß eine ältere Person die Aufgabe bekommt, den Inhalt der Kärtchen vorzulesen.) Die anderen ergänzen. Haben alle eine zufriedenstellende Lösung gefunden, darf der/die Spieler(in) das Kärtchen behalten. Dann würfelt der/die nächste usw.

Sind die Ereigniskärtchen zu einem Feld alle ausgegeben, werden die in diesem Bereich liegenden schraffierten Felder wie unschraffierte behandelt.

Das Spiel endet, wenn ein bestimmter gesetzter Zeitpunkt erreicht ist oder keine Ereigniskärtchen mehr in der Mitte liegen.

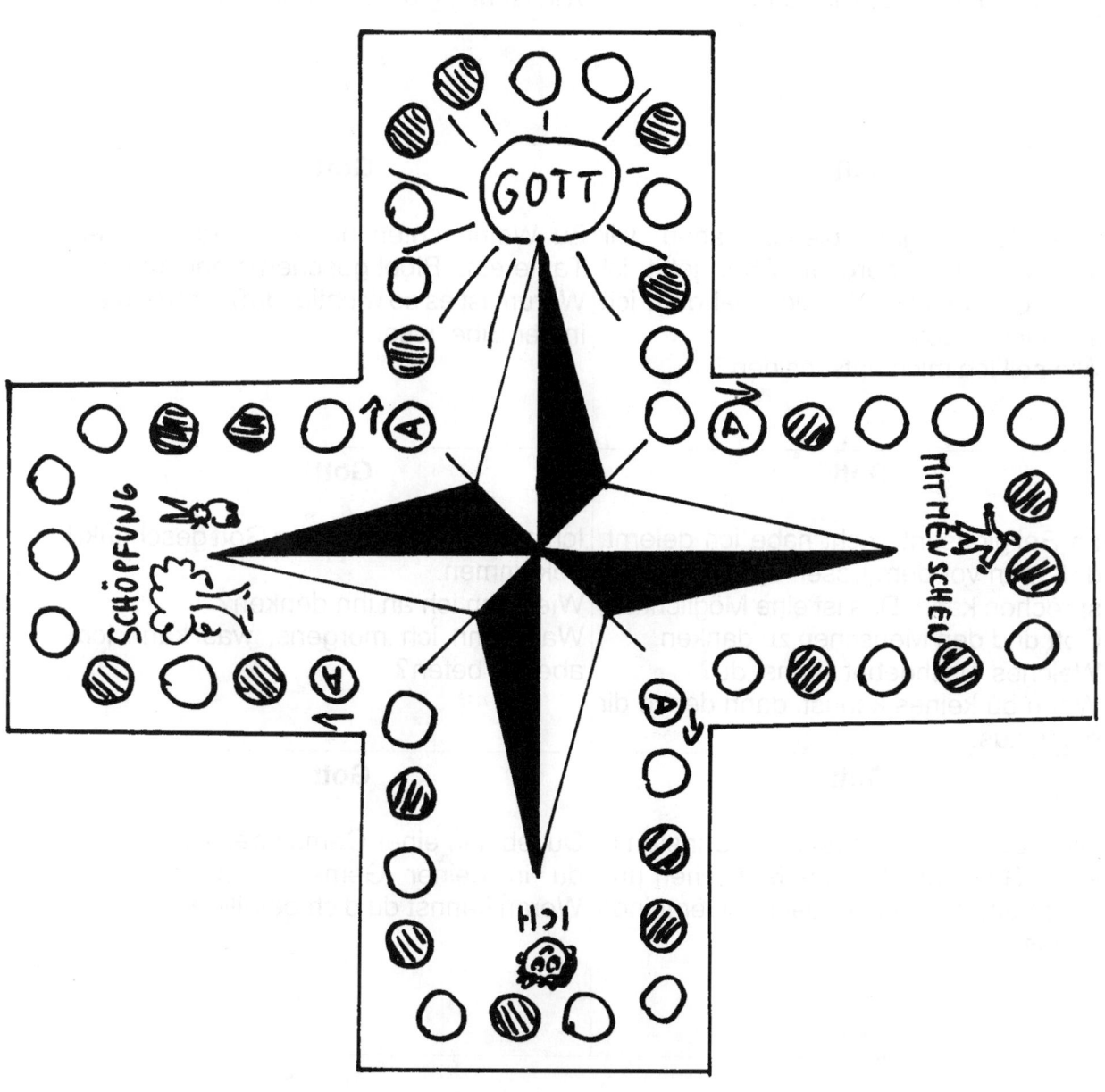

Bereich: Gott

Texte ausschneiden und auf 10 gelbe Kärtchen kleben.

Gott Jesus hat seine Freunde zu den Menschen geschickt, damit sie ihnen von Gott erzählen. Wir sind Christen. Wir sind auch Freunde von Jesus. Was könnten wir den Menschen von Gott erzählen?	**Gott** Wir sind Christen. Wir sollen so leben, wie Jesus es uns gezeigt hat. Erzähle, was du von Jesus weißt! Was war ihm wichtig? Wie können wir nach seinem Vorbild leben?
Gott Jeden Sonntag sollen wir zur Messe gehen. Warum ist das so wichtig? Was hat das mit Jesus zu tun?	**Gott** Wenn wir im Gottesdienst sind, sind wir Gott ganz nahe. Das haben wir gelernt. Wie ist uns Gott aber dort ganz nahe?
Gott Den Familiengottesdienst haben wir gemeinsam vorbereitet. Aber jetzt ist auch das wichtige Turnier, bei dem ich mitmachen soll. Wie soll ich mich entscheiden?	**Gott** Zu Weihnachten habe ich von meiner Tante eine Bibel geschenkt bekommen. Warum ist es so wichtig, daß wir Christen in der Bibel lesen?
Gott Im Religionsunterricht habe ich gelernt, daß man vor dem Essen ein Tischgebet sprechen kann. Das ist eine Möglichkeit, Gott und den Menschen zu danken. Welches Tischgebet kennst du? Wenn du keines kennst, dann denke dir eines aus.	**Gott** Ich habe mein Leben von Gott geschenkt bekommen. Wie kann ich an ihn denken? Was kann ich morgens, was kann ich abends beten?
Gott Wir leben mit vielen anderen Christen in einer Gemeinde. Nenne Menschen und Gruppen, die du in deiner Gemeinde kennst!	**Gott** Du lebst in einer Gemeinde. Wie kannst du in deiner Gemeinde mitmachen? Woran kannst du dich beteiligen?

Bereich: Mitmenschen

Texte ausschneiden und auf 10 rote Kärtchen kleben.

Mitmenschen Heute ist tolles Wetter. Nach der Schule will ich mit meinem Freund/meiner Freundin draußen spielen. Am liebsten liefe ich gleich nach dem Essen los. Da sagt meine Mutter, ich solle noch den Tisch abräumen. Was tue ich?	**Mitmenschen** Meine Freundin muß zu Hause im Bett bleiben. Sie hat Fieber und ist krank. Es ist ihr oft sehr langweilig. Was mache ich?
Mitmenschen Auf dem Schulhof merke ich, wie einer meiner Klassenkameraden einen viel kleineren Jungen ärgert, daß er fast weinen muß. Wie verhalte ich mich richtig?	**Mitmenschen** Ich möchte meinem Vater gerne etwas erzählen. Ich habe etwas Tolles erlebt. Aber er ist müde von der Arbeit und hört mir nicht zu. Ich bin traurig. Ich werde böse. Mein Vater wird böse. Wir schreien uns an. Wie könnten wir uns in dieser Situation besser verhalten?
Mitmenschen Meine große Schwester hat mir endlich ihr tolles Fahrrad geliehen. Ich darf damit fahren. Ich treffe meinen Freund, und wir machen gemeinsam einen Ausflug. Am liebsten fahren wir durch dicke Matsche. Aber darf ich das mit dem neuen Fahrrad? Wie verhalte ich mich?	**Mitmenschen** Oma ist gekommen. Sie hat mir eine Schokolade für uns Kinder gegeben. Ich esse schrecklich gerne Schokolade und würde sie gerne für mich alleine behalten. Die Gelegenheit ist günstig. Noch hat keiner gemerkt, daß ich sie bekommen habe. Wie verhalte ich mich?
Mitmenschen In unserer Klasse ist eine neue Schülerin. Sie sieht anders aus und spricht auch anders als wir. Viele machen sich lustig über sie. Keiner läßt sie mitspielen. Was kann ich tun?	**Mitmenschen** Ich sehe eine Fernsehsendung von einem fremden Land. Die Menschen dort sehen arm und krank aus. Sie leiden Not. In dem Land ist Krieg. Krieg ist furchtbar. Die Menschen verhungern. Was können wir tun?
Mitmenschen Seit ein paar Tagen habe ich Krach mit meiner Freundin/meinem Freund. Nie mehr will ich was mit ihr/ihm zu tun haben. Oder doch? Wie kann die Freundschaft weiterbestehen?	**Mitmenschen** Mein kleiner Bruder hat mir meine Puppe kaputtgemacht. Ich bin ganz schön wütend auf ihn. Immer kommt er einem in die Quere mit seinen zwei Jahren. Wie verhalte ich mich richtig?

Bereich: Ich

Texte ausschneiden und auf 10 blaue Kärtchen kleben.

Ich	Ich
Draußen ist es kalt und windig. Zu Hause habe ich gerade mit meiner Schwester richtig getobt und bin naßgeschwitzt. Da schellt es. Mein Freund holt mich zum Spielen ab. Sofort laufe ich nach draußen und renne mit ihm weg. In der Eile habe ich meine Jacke vergessen. Zwei Tage später bin ich krank. Warum wohl?	Vor dem Zahnarzt habe ich furchtbare Angst. Ich weiß genau: Das Loch in meinem Backenzahn wird jeden Tag größer. Was soll ich bloß tun? Noch habe ich niemandem etwas davon gesagt.
Ich	**Ich**
Morgen schreiben wir ein Diktat. Eigentlich müßte ich ja noch dafür üben. Aber gleich kommt Christina, um mich zum Spielen abzuholen. Was soll ich tun? Das letzte Diktat war schon nicht so gut.	Warum soll es eigentlich gut sein, daß ich jeden Tag in die Schule gehe? Die Erwachsenen sagen immer, daß es so sein muß. Aber warum? Spielen ist doch viel schöner! Oder?
Ich	**Ich**
Zähneputzen find ich doof. Warum soll ich das immer tun?	Meine Mutter will, daß ich mich wasche, bade, sauberhalte. Das hält so auf. Warum soll Waschen wichtig sein?
Ich	**Ich**
Damals wollte ich gerne Flöte spielen lernen. Eigentlich geht es auch ganz gut. Warum soll ich dann jetzt noch üben?	Ich liege gerade auf dem Bett und lese ein spannendes Buch. Da ruft meine Mutter: »Du mußt zum Sport!« Wieder diese Unterbrechung! Wozu soll Sport schon gut sein?
Ich	**Ich**
Ich komme von der Schule nach Hause. Auf dem Schrank stehen noch ein Glas Weingummi und Chips von gestern abend, als Mama und Papa Gäste hatten. Da mache ich mich gleich drüber her. »Halt«, ruft Mutti, »gleich gibt es Essen.« Warum soll der Salat und das Gemüse besser sein?	Heute nachmittag kommen tolle Filme im Fernsehen. Die will ich alle sehen. Fernsehen ist toll! Aber nach einer Stunde ruft Papa: »Mach die Kiste endlich aus! Geh lieber raus! Es ist so schönes Wetter!« Warum darf ich nicht fernsehen, so lange ich will?

Bereich: Schöpfung

Texte ausschneiden und auf 10 grüne Kärtchen kleben.

Schöpfung	Schöpfung
Vor einem Jahr habe ich ein Stück von unserem Garten von Papa geschenkt bekommen. Ich hatte es unbedingt haben wollen. Aber Gartenarbeit ist ziemlich anstrengend. Heute ist es von Unkraut überwuchert. Warum ist Mutti traurig darüber?	Wie sehr hatte ich mir ein Meerschweinchen gewünscht! Jetzt ist es gestorben. Dabei habe ich mich immer darum gekümmert und es versorgt, wenn ich Lust hatte. Warum ist es gestorben?
Schöpfung	**Schöpfung**
Wir machen ein Geländespiel. Der Weg über die Baumschonung würde unserer Gruppe den benötigten Vorsprung bringen. Wie verhalten wir uns richtig?	Mit meinen Eltern und Geschwistern mache ich einen Spaziergang durch den Wald. Da hinten ist eine Futterkrippe. Sind da nicht Tiere? Wie verhalte ich mich?
Schöpfung	**Schöpfung**
Wir gehen mit der Klasse spazieren. Da sind schöne Blumen. Ich pflücke ein paar davon. Aber der Weg ist weit. Die Blumen werden mir lästig. Ich lasse sie einfach fallen. Warum schimpft unser Lehrer mit mir?	Unser Kanarienvogel singt immer recht schön. Aber manchmal find' ich ihn ganz schön doof. Neulich flog er in unserem Wohnzimmer rum. Als er auf dem Tisch saß, hab' ich ihm die Beinchen weggezogen. Da fiel er auf den Schnabel. Das hat mir echt Spaß gemacht. Als Mama reinkam, hat sie furchtbar geschimpft. Warum eigentlich?
Schöpfung	**Schöpfung**
Gerade habe ich ein leckeres Eis gegessen. Jetzt kann ich das Papier doch wegwerfen. Ich habe mich ja schließlich nicht dreckig gemacht. In der Wiese wird es nicht stören. Warum soll ich bis zu der Abfalltonne dahinten laufen?	Bei der Hitze waren wir natürlich den ganzen Tag im Schwimmbad. Die Limo schmeckte köstlich. Die Flaschen? Die können wir liegenlassen. Oder? Wo gehören leere Flaschen hin?
Schöpfung	**Schöpfung**
Wir wollen in Urlaub fahren. Papa ist schon ganz ungeduldig. Er hat den Wagen schon gestartet. Da hat meine kleine Schwester wieder in die Windeln gemacht. Mama will sie noch wickeln. Das dauert! Der Wagen läuft. Warum muß ich Papa sagen, er soll den Wagen ausmachen?	Da ist ein Kornfeld. Es leuchtet hell in der Sonne. Wenn wir hindurchgehen, sind wir schneller am Spielplatz! Warum schimpft der Mann dort? Genauso wie damals die Frau, als Klaus sein Butterbrot weggeworfen hat. Warum?

6. Quartett zum Werkbuch »Kommt und seht«

Das Quartett zum Werkbuch kann auf verschiedene Weise in der Zeit der Vorbereitung eingesetzt werden.

Zum Beispiel zu Beginn oder während der Vorbereitung kann es neugierig machen auf die weiteren Inhalte im Buch. Das, was auf den Spielkarten zu sehen ist, kann dort wiederentdeckt werden.

Gegen Ende der Kommunionvorbereitung kann es die Erinnerung wecken an Themen, die in der Vorbereitungszeit von Bedeutung waren. Dann dient es der Wiederholung und Vertiefung.

Eine weitere sinnvolle Verwendung des Quartetts kann sein, wenn eine Kleingruppe sich ihr eigenes Quartett bastelt, so daß es im Laufe der Zeit »mitwächst«, je nachdem, welche Themen schon behandelt wurden.

Herstellung:

Die Seiten mit dem Quartett auf kräftiges, weißes Papier kopieren.
Die einzelnen Karten bunt malen. Die Karten ausschneiden und mit Klebefolie umkleiden.

Spielregel:

Bei 8–10 Spieler(inne)n
Die Karten werden alle verteilt. Jeder sortiert seine Karten nach Quartetts (nach Nummern oder Überschriften).
Einer fragt den anderen reihum, ob er Karten zur Ergänzung eines Quartetts hat. Jeder darf so lange fragen, bis er jemanden fragt, der ihm keine Karte geben kann. Der, der den anderen nicht bedienen konnte, darf jetzt weiterfragen. Vollständige Quartetts werden abgelegt. Der, der die meisten vollständigen Quartetts abgelegt hat, hat gewonnen.

Bei 3–7 Spieler(inne)n
Jeder erhält 8 Karten, der Rest wird in die Mitte gelegt. Immer, wenn jemand nicht mehr weiterfragen kann, zieht er aus der Mitte eine Karte.

I. 1 Baum

a) Wurzel
b) Stamm
c) Krone
d) Früchte

I. 1 a) Baum

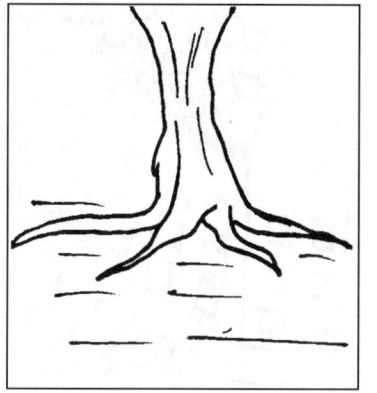

a) **Wurzel**
b) Stamm
c) Krone
d) Früchte

I. 1 b) Baum

a) Wurzel
b) **Stamm**
c) Krone
d) Früchte

I. 1 c) Baum

a) Wurzel
b) Stamm
c) **Krone**
d) Früchte

I. 1 d) Baum

a) Wurzel
b) Stamm
c) Krone
d) **Früchte**

I. 2 Haus

a) Wohnhaus
b) Schule
c) Gemeindehaus
d) Kirche

I. 2 a) Haus

a) **Wohnhaus**
b) Schule
c) Gemeindehaus
d) Kirche

I. 2 b) Haus

a) Wohnhaus
b) **Schule**
c) Gemeindehaus
d) Kirche

I. 2 c) Haus

a) Wohnhaus
b) Schule
c) **Gemeindehaus**
d) Kirche

I. 2 d) Haus

a) Wohnhaus
b) Schule
c) Gemeindehaus
d) **Kirche**

I. 3 Wege

a) Waldweg
b) Straße
c) Steiniger Weg
d) Labyrinth

I. 3 a) Wege

a) **Waldweg**
b) Straße
c) Steiniger Weg
d) Labyrinth

I. 3 b) Wege

a) Waldweg
b) **Straße**
c) Steiniger Weg
d) Labyrinth

I. 3 c) Wege

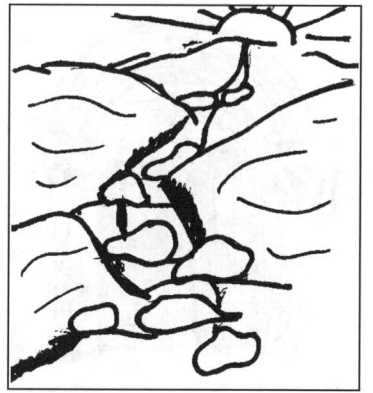

a) Waldweg
b) Straße
c) **Steiniger Weg**
d) Labyrinth

I. 3 d) Wege

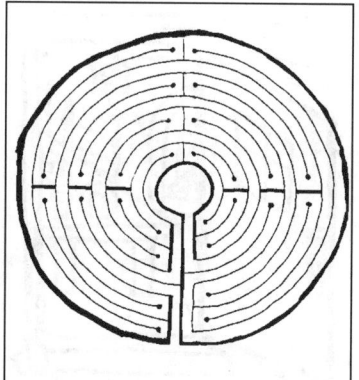

a) Waldweg
b) Straße
c) Steiniger Weg
d) **Labyrinth**

II. 1 Türen

a) Haustür
b) Tür nach außen
c) Tür nach innen
d) Kirchenportal

II. 1 a) Türen

a) **Haustür**
b) Tür nach außen
c) Tür nach innen
d) Kirchenportal

II. 1 b) Türen

a) Haustür
b) **Tür nach außen**
c) Tür nach innen
d) Kirchenportal

II. 1 c) Türen

a) Haustür
b) Tür nach außen
c) **Tür nach innen**
d) Kirchenportal

II. 1 d) Türen

a) Haustür
b) Tür nach außen
c) Tür nach innen
d) **Kirchenportal**

II. 2 Licht

a) Kerze
b) Sonne
c) Mond
d) Stern

II. 2 a) Licht

a) **Kerze**
b) Sonne
c) Mond
d) Stern

II. 2 b) Licht

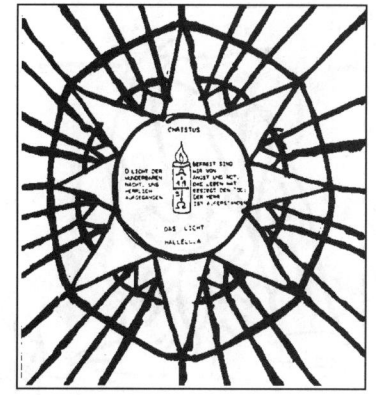

a) Kerze
b) **Sonne**
c) Mond
d) Stern

II. 2 c) Licht

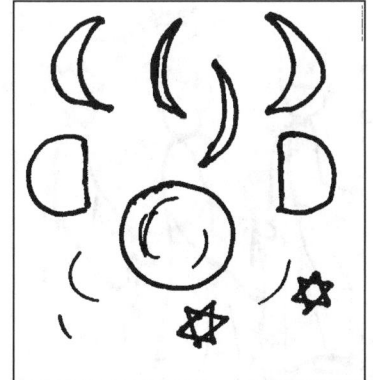

a) Kerze
b) Sonne
c) **Mond**
d) Stern

II. 2 d) Licht

a) Kerze
b) Sonne
c) Mond
d) **Stern**

II. 3 Weihnachten

a) Krippe
b) Ochs und Esel
c) Hirten
d) Könige

II. 3 a) Weihnachten

a) **Krippe**
b) Ochs und Esel
c) Hirten
d) Könige

II. 3 b) Weihnachten

a) Krippe
b) **Ochs und Esel**
c) Hirten
d) Könige

II. 3 c) Weihnachten

a) Krippe
b) Ochs und Esel
c) **Hirten**
d) Könige

II. 3 d) Weihnachten

a) Krippe
b) Ochs und Esel
c) Hirten
d) **Könige**

III. 1 Geschichten von Gott

a) Schöpfung
b) Mose
c) Der gute Vater
d) Elija

III. 1 a) Geschichten von Gott

a) **Schöpfung**
b) Mose
c) Der gute Vater
d) Elija

III. 1 b) Geschichten von Gott

a) Schöpfung
b) **Mose**
c) Der gute Vater
d) Elija

III. 1 c) Geschichten von Gott

a) Schöpfung
b) Mose
c) **Der gute Vater**
d) Elija

III. 1 d) Geschichten von Gott

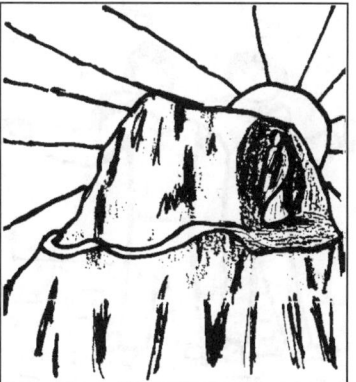

a) Schöpfung
b) Mose
c) Der gute Vater
d) **Elija**

III. 2 Bilder von Gott

a) Lied
b) Schiff
c) Freund
d) Kuscheldecke

III. 2 a) Bilder von Gott

a) **Lied**
b) Schiff
c) Freund
d) Kuscheldecke

III. 2 b) Bilder von Gott

a) Lied
b) **Schiff**
c) Freund
d) Kuscheldecke

III. 2 c) Bilder von Gott

a) Lied
b) Schiff
c) **Freund**
d) Kuscheldecke

III. 2 d) Bilder von Gott

a) Lied
b) Schiff
c) Freund
d) **Kuscheldecke**

III. 3 Beten

a) Niederfallen
b) Knien
c) Stehen
d) Gefaltete Hände

III. 3 a) Beten

a) **Niederfallen**
b) Knien
c) Stehen
d) Gefaltete Hände

III. 3 b) Beten

a) Niederfallen
b) **Knien**
c) Stehen
d) Gefaltete Hände

III. 3 c) Beten

a) Niederfallen
b) Knien
c) **Stehen**
d) Gefaltete Hände

III. 3 d) Beten

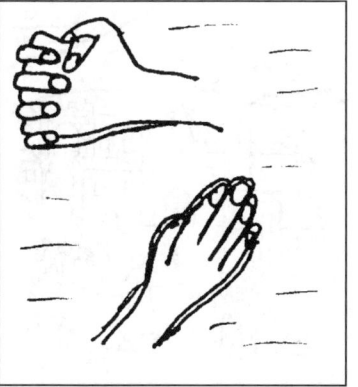

a) Niederfallen
b) Knien
c) Stehen
d) **Gefaltete Hände**

IV. 1 Jesus

a) Schriftrolle
b) Jesus heilt
c) Jesus lehrt
d) Jesus betet

IV. 1 a) Jesus

a) **Schriftrolle**
b) Jesus heilt
c) Jesus lehrt
d) Jesus betet

IV. 1 b) Jesus

a) Schriftrolle
b) **Jesus heilt**
c) Jesus lehrt
d) Jesus betet

IV. 1 c) Jesus

a) Schriftrolle
b) Jesus heilt
c) **Jesus lehrt**
d) Jesus betet

IV. 1 d) Jesus

a) Schriftrolle
b) Jesus heilt
c) Jesus lehrt
d) **Jesus betet**

IV. 2 Geschichten von Jesus

a) Der Sturm
b) Bartimäus
c) Der Taubstumme
d) Der Gelähmte

IV. 2 a) Geschichten von Jesus

a) **Der Sturm**
b) Bartimäus
c) Der Taubstumme
d) Der Gelähmte

IV. 2 b) Geschichten von Jesus

a) Der Sturm
b) **Bartimäus**
c) Der Taubstumme
d) Der Gelähmte

IV. 2 c) Geschichten von Jesus

a) Der Sturm
b) Bartimäus
c) **Der Taubstumme**
d) Der Gelähmte

IV. 2 d) Geschichten von Jesus

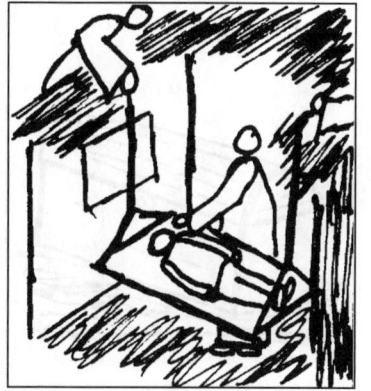

a) Der Sturm
b) Bartimäus
c) Der Taubstumme
d) **Der Gelähmte**

IV. 3 Reich Gottes

a) Senfkorn
b) Acker
c) Schatz
d) Gastmahl

IV. 3 a) Reich Gottes

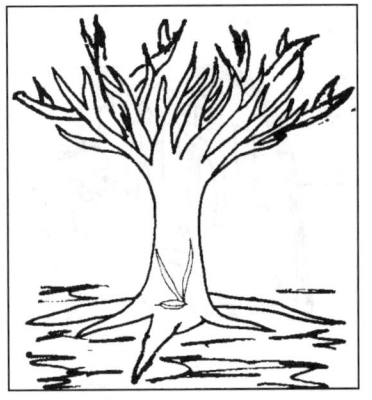

a) **Senfkorn**
b) Acker
c) Schatz
d) Gastmahl

IV. 3 b) Reich Gottes

a) Senfkorn
b) **Acker**
c) Schatz
d) Gastmahl

IV. 3 c) Reich Gottes

a) Senfkorn
b) Acker
c) **Schatz**
d) Gastmahl

IV. 3 d) Reich Gottes

a) Senfkorn
b) Acker
c) Schatz
d) **Gastmahl**

V. 1 Fastenzeit

a) Asche
b) Wüste
c) Berg
d) Steine

V. 1 a) Fastenzeit

a) **Asche**
b) Wüste
c) Berg
d) Steine

V. 1 b) Fastenzeit

a) Asche
b) **Wüste**
c) Berg
d) Steine

V. 1 c) Fastenzeit

a) Asche
b) Wüste
c) **Berg**
d) Steine

V. 1 d) Fastenzeit

a) Asche
b) Wüste
c) Berg
d) **Steine**

V. 2 Heilige Tage

a) Palmsonntag
b) Gründonnerstag
c) Karfreitag
d) Ostern

V. 2 a) Heilige Tage

a) **Palmsonntag**
b) Gründonnerstag
c) Karfreitag
d) Ostern

V. 2 b) Heilige Tage

a) Palmsonntag
b) **Gründonnerstag**
c) Karfreitag
d) Ostern

V. 2 c) Heilige Tage

a) Palmsonntag
b) Gründonnerstag
c) **Karfreitag**
d) Ostern

V. 2 d) Heilige Tage

a) Palmsonntag
b) Gründonnerstag
c) Karfreitag
d) **Ostern**

V. 3 Kreuze

a) Holzkreuz
b) Leidenskreuz
c) Triumpfkreuz
d) Kreuzzeichen

V. 3 a) Kreuze

a) **Holzkreuz**
b) Leidenskreuz
c) Triumpfkreuz
d) Kreuzzeichen

V. 3 b) Kreuze

a) Holzkreuz
b) **Leidenskreuz**
c) Triumpfkreuz
d) Kreuzzeichen

V. 3 c) Kreuze

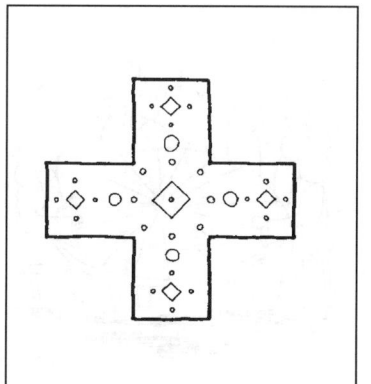

a) Holzkreuz
b) Leidenskreuz
c) **Triumpfkreuz**
d) Kreuzzeichen

V. 3 d) Kreuze

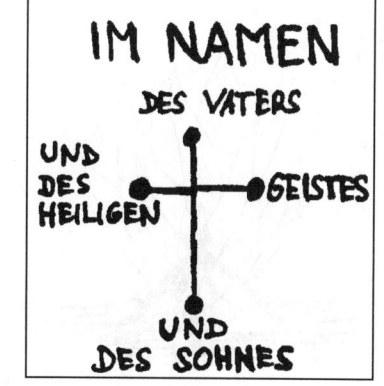

a) Holzkreuz
b) Leidenskreuz
c) Triumpfkreuz
d) **Kreuzzeichen**

VI. 1 Nach Ostern

a) Himmelfahrt
b) Wind
c) Feuer
d) Pfingsten

VI. 1 a) Nach Ostern

a) **Himmelfahrt**
b) Wind
c) Feuer
d) Pfingsten

VI. 1 b) Nach Ostern

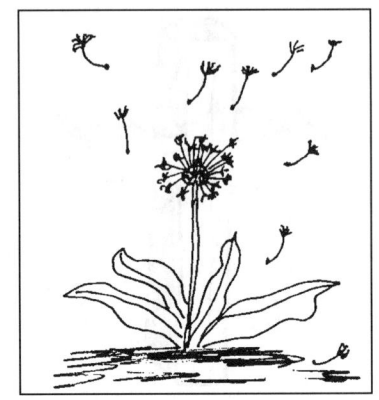

a) Himmelfahrt
b) **Wind**
c) Feuer
d) Pfingsten

VI. 1 c) Nach Ostern

a) Himmelfahrt
b) Wind
c) **Feuer**
d) Pfingsten

VI. 1 d) Nach Ostern

a) Himmelfahrt
b) Wind
c) Feuer
d) **Pfingsten**

VI. 2 Gemeinschaft der Heiligen

a) Maria
b) Christophorus
c) Helfende Gemeinde
d) Betende Gemeinde

VI. 2 a) Gemeinschaft der Heiligen

a) **Maria**
b) Christophorus
c) Helfende Gemeinde
d) Betende Gemeinde

VI. 2 b) Gemeinschaft der Heiligen

a) Maria
b) **Christophorus**
c) Helfende Gemeinde
d) Betende Gemeinde

VI. 2 c) Gemeinschaft der Heiligen

a) Maria
b) Christophorus
c) **Helfende Gemeinde**
d) Betende Gemeinde

VI. 2 d) Gemeinschaft der Heiligen

a) Maria
b) Christophorus
c) Helfende Gemeinde
d) **Betende Gemeinde**

VI. 3 Taufe

a) Wasser
b) Salbe
c) Weißes Kleid
d) Taufe

VI. 3 a) Taufe

a) **Wasser**
b) Salbe
c) Weißes Kleid
d) Taufe

VI. 3 b) Taufe

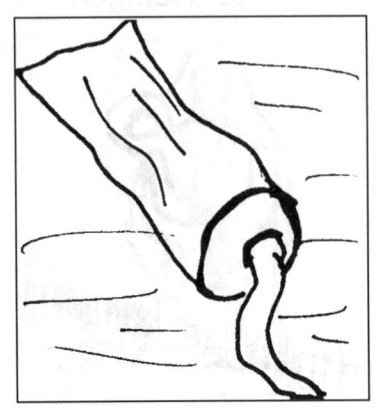

a) Wasser
b) **Salbe**
c) Weißes Kleid
d) Taufe

VI. 3 c) Taufe

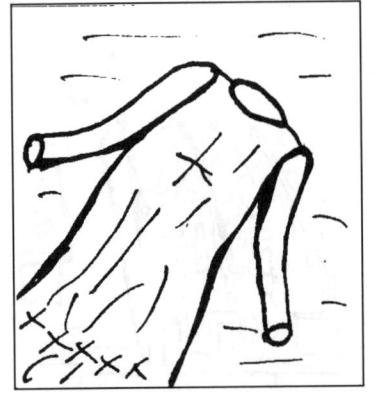

a) Wasser
b) Salbe
c) **Weißes Kleid**
d) Taufe

VI. 3 d) Taufe

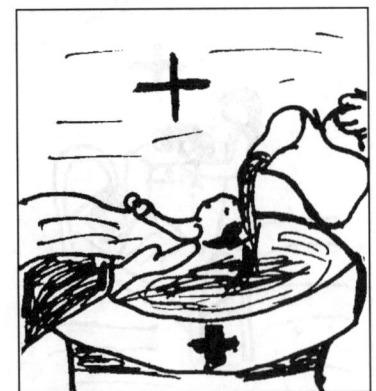

a) Wasser
b) Salbe
c) Weißes Kleid
d) **Taufe**

VII. 1 Brot

a) Feld
b) Körner
c) Brot
d) Hostie

VII. 1 a) Brot

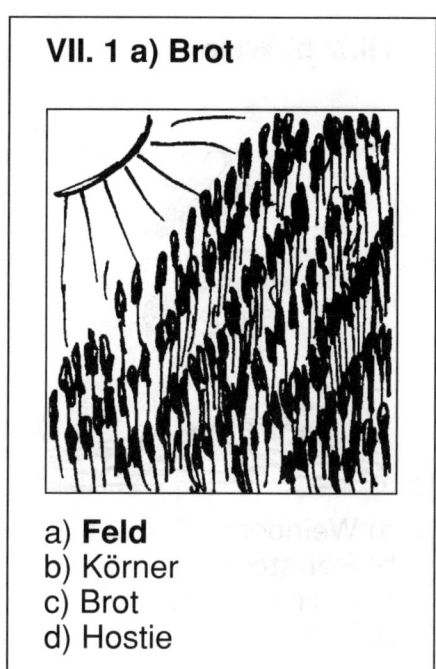

a) **Feld**
b) Körner
c) Brot
d) Hostie

VII. 1 b) Brot

a) Feld
b) **Körner**
c) Brot
d) Hostie

VII. 1 c) Brot

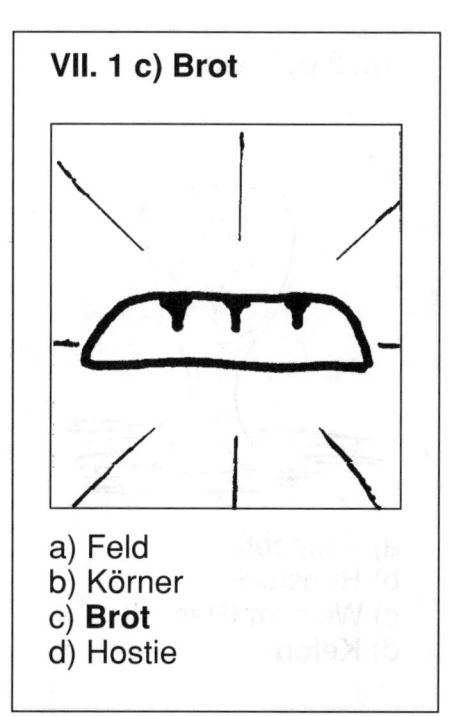

a) Feld
b) Körner
c) **Brot**
d) Hostie

VII. 1 d) Brot

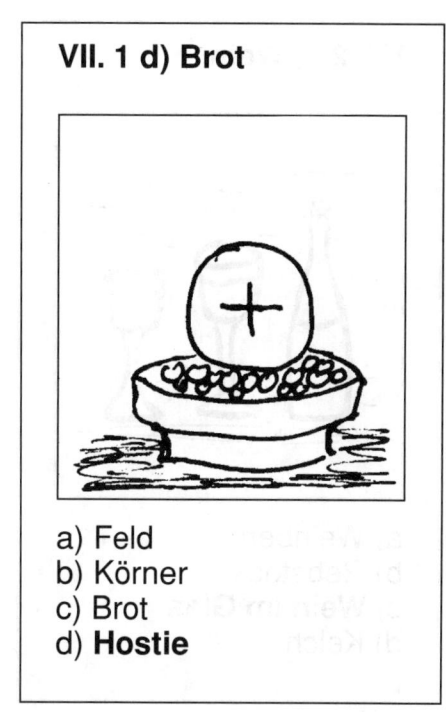

a) Feld
b) Körner
c) Brot
d) **Hostie**

VII. 2 Wein

a) Weinberg
b) Rebstock
c) Wein im Glas
d) Kelch

VII. 2 a) Wein

a) **Weinberg**
b) Rebstock
c) Wein im Glas
d) Kelch

VII. 2 b) Wein

a) Weinberg
b) **Rebstock**
c) Wein im Glas
d) Kelch

VII. 2 c) Wein

a) Weinberg
b) Rebstock
c) **Wein im Glas**
d) Kelch

VII. 2 d) Wein

a) Weinberg
b) Rebstock
c) Wein im Glas
d) **Kelch**

VII. 3 Heilige Messe

a) Eröffnung
b) Wortgottesdienst
c) Mahlfeier
d) Sendung

VII. 3 a) Heilige Messe

a) **Eröffnung**
b) Wortgottesdienst
c) Mahlfeier
d) Sendung

VII. 3 b) Heilige Messe

a) Eröffnung
b) **Wortgottesdienst**
c) Mahlfeier
d) Sendung

VII. 3 c) Heilige Messe

a) Eröffnung
b) Wortgottesdienst
c) **Mahlfeier**
d) Sendung

VII. 3 d) Heilige Messe

a) Eröffnung
b) Wortgottesdienst
c) Mahlfeier
d) **Sendung**

VIII. 1 Geschichten

a) Schuld + Vergebung
b) Zachäus
c) Samariter
d) 10 Gebote

VIII. 1 a) Geschichten

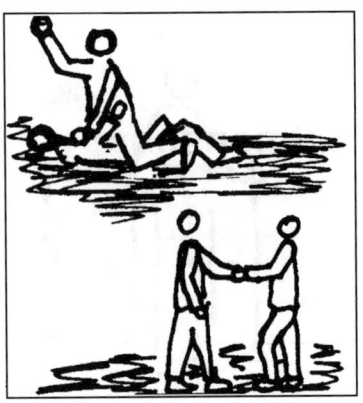

a) **Schuld + Vergebung**
b) Zachäus
c) Samariter
d) 10 Gebote

VIII. 1 b) Geschichten

a) Schuld + Vergebung
b) **Zachäus**
c) Samariter
d) 10 Gebote

VIII. 1 c) Geschichten

a) Schuld + Vergebung
b) Zachäus
c) **Samariter**
d) 10 Gebote

VIII. 1 d) Geschichten

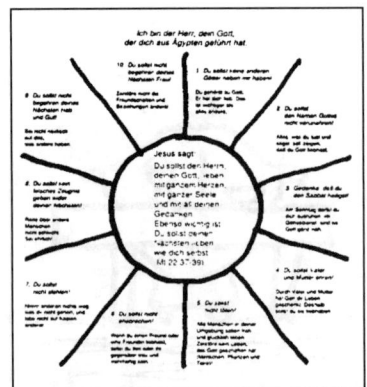

a) Schuld + Vergebung
b) Zachäus
c) Samariter
d) **10 Gebote**

VIII. 2 Der Kompaß

a) Gott
b) Mitmenschen
c) Ich
d) Schöpfung

VIII. 2 a) Der Kompaß

a) **Gott**
b) Mitmenschen
c) Ich
d) Schöpfung

VIII. 2 b) Der Kompaß

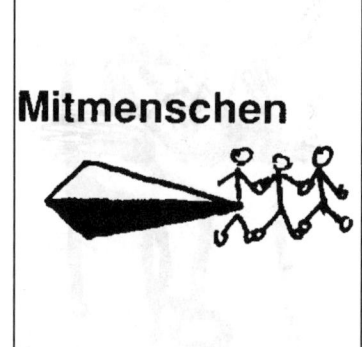

a) Gott
b) **Mitmenschen**
c) Ich
d) Schöpfung

VIII. 2 c) Der Kompaß

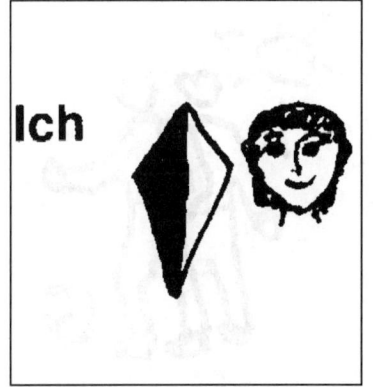

a) Gott
b) Mitmenschen
c) **Ich**
d) Schöpfung

VIII. 2 d) Der Kompaß

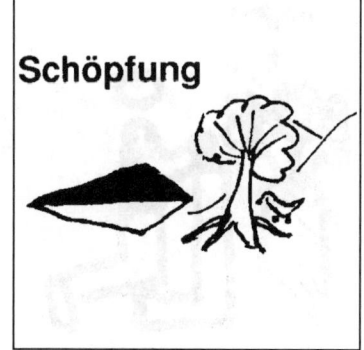

a) Gott
b) Mitmenschen
c) Ich
d) **Schöpfung**

VIII. 3 Die Beichte

a) Besinnen
b) Bekennen
c) Danken
d) Bessern

VIII. 3 a) Die Beichte

a) **Besinnen**
b) Bekennen
c) Danken
d) Bessern

VIII. 3 b) Die Beichte

a) Besinnen
b) **Bekennen**
c) Danken
d) Bessern

VIII. 3 c) Die Beichte

a) Besinnen
b) Bekennen
c) **Danken**
d) Bessern

VIII. 3 d) Die Beichte

a) Besinnen
b) Bekennen
c) Danken
d) **Bessern**

III. Kopiervorlagen

1. Einführung

Oft ist es in der Katechese mit kleinen Gruppen hilfreich, wenn man Geschichten, die erzählt werden, oder Texte, die gelesen werden, als größere Bilder im Verlauf des Erzählens bzw. Lesens in der Mitte entwicklen kann. Auch können mit Legekärtchen oder kleinen Wandfiguren oft größere Zusammenhänge besser verdeutlicht werden.

Im Folgenden sind zu den zentralsten Geschichten und den wichtigsten Zusammenhängen Kopiervorlagen abgedruckt, aus denen solche Legebilder und Legekärtchen hergestellt werden können. Die Themen, die hier aufgegriffen werden, sind:

Die Geschichte vom letzten Abendmahl
Die Leidensgeschichte
Die Emmausgeschichte
Die Meßfeier

2. Das letzte Abendmahl

Wandbilder/Legebilder

Herstellung:

Die Figuren kopieren, bunt malen, auf Pappe kleben, ausschneiden und mit Klebefolie überziehen. (Oder gleich auf dickeres Papier kopieren, bunt malen und mit Folie überziehen.)

Verwendung:

Die Figuren während des Erzählens
a) an eine Tür oder Wand heften, indem man auf der Rückseite Kleberöllchen aus Tesakrepp befestigt, die sich auch wieder leicht lösen lassen.
b) in die Mitte eines Kreises auf den Boden legen oder auf einen Tisch.
Die Erzählung sollte den Bildern angepaßt werden bzw. die Bilder dem Erzählverlauf.

Überblick:

1. Szene: Johannes und Petrus werden von Jesus nach Jerusalem geschickt.

2. Szene: Die Jünger sitzen mit Jesus am Tisch, Judas verläßt sie.

3. Szene: Jesus wäscht Petrus die Füße.

3. Johannes und Petrus unterwegs

2. Jesus

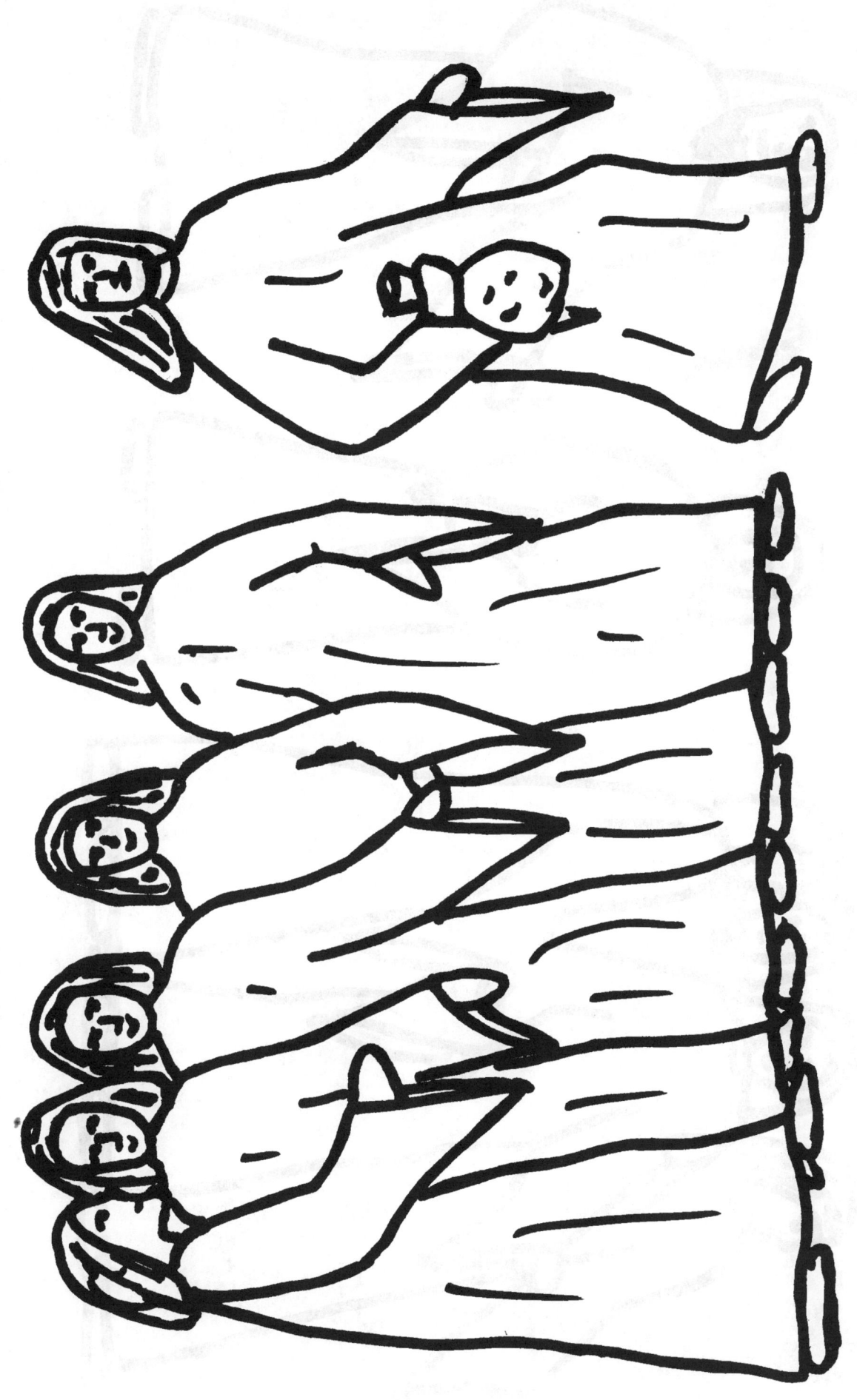

5. Judas

4. Jüngergruppe links

8. Petrus am Tisch

7. Johannes am Tisch

6. Jüngergruppe rechts

92

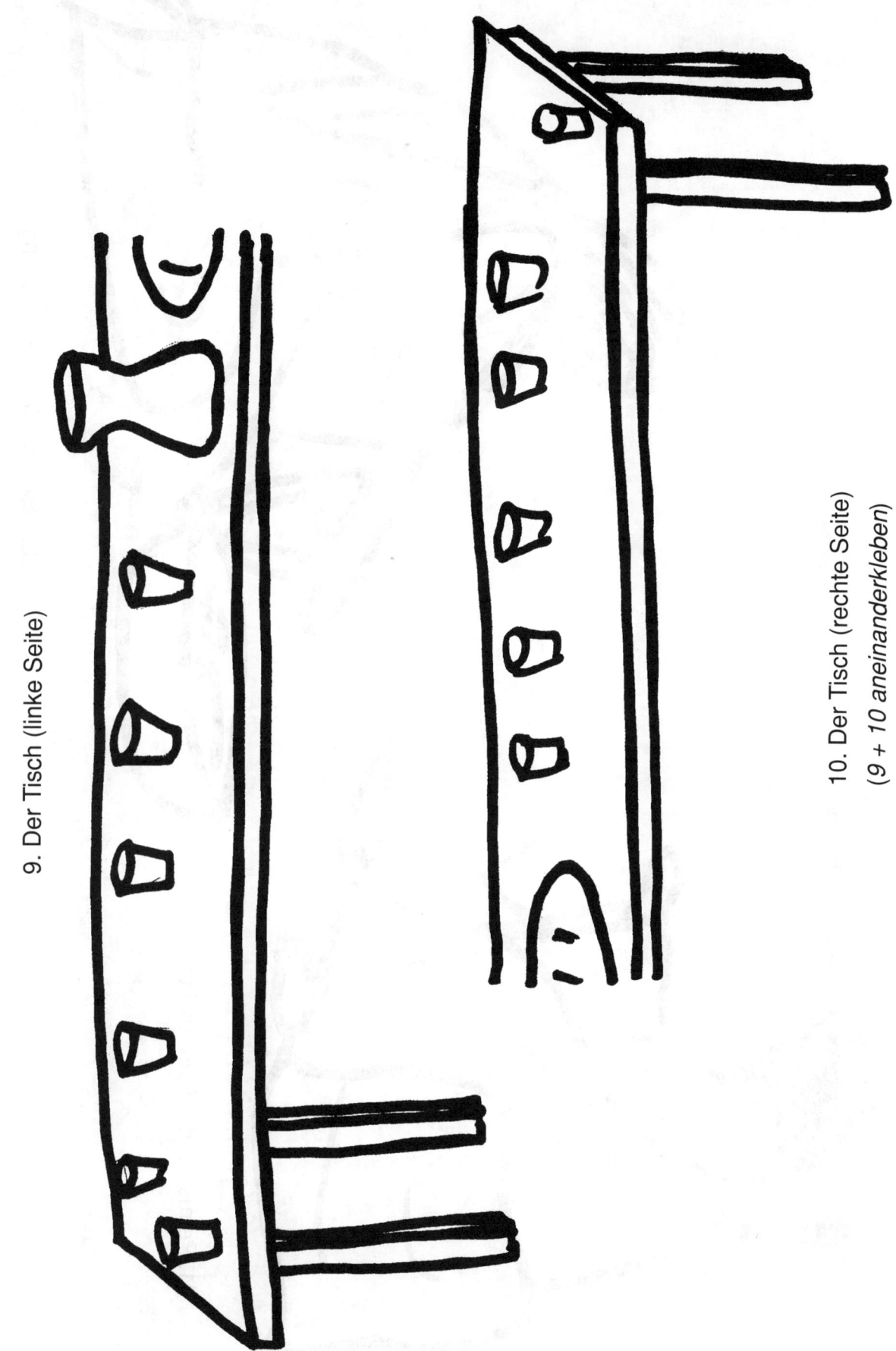

9. Der Tisch (linke Seite)

10. Der Tisch (rechte Seite)
(9 + 10 aneinanderkleben)

12. Jesus bei der Fußwaschung

11. Petrus bei der Fußwaschung

3. Die Leidensgeschichte

Wandbilder/Legebilder

Herstellung:

Ähnlich wie zur Geschichte vom letzten Abendmahl können auch Figuren zur Leidensgeschichte erstellt werden. Die Vorlagen dazu finden sich im Werkbuch auf den Seiten 66–68.

Die Figuren vergrößert kopieren (Vorsicht, manche tauchen im Darstellungsverlauf doppelt auf!), die Linien evtl. nachzeichnen, bunt malen, auf Pappe kleben, ausschneiden und mit Klebefolie überziehen. (Oder gleich auf dickeres Papier kopieren, bunt malen und mit Folie überziehen.)

Verwendung:

Die Figuren während des Erzählens
a) an eine Tür oder Wand heften, indem man auf der Rückseite Kleberöllchen aus Tesakrepp befestigt, die sich auch wieder leicht lösen lassen.
b) in die Mitte eines Kreises auf den Boden legen oder auf einen Tisch.
Die Erzählung sollte den Bildern angepaßt werden bzw. die Bilder dem Erzählverlauf.

Überblick:

Der Überblick ist im Werkbuch auf den Seiten 66–68 zu sehen.

Figuren

1. Vier Leute stehen auf dem Marktplatz zusammen
2. Baum im Garten Getsemani
3. Jesus betet im Garten
4. Die schlafenden Jünger
5. Soldaten kommen
6. Jesus wird gefesselt und abgeführt
7. Die Freunde Jesu laufen weg
8. Pilatus verurteilt Jesus
9. Die Leute schreien: »Kreuzige ihn!«
10. Simon von Zyrene hilft Jesus das Kreuz tragen
11. Weinende Frauen
12. Maria
13. Sonne und Wolke
14. Jesus am Kreuz
15. Johannes unter dem Kreuz
16. Soldat unter dem Kreuz
17. Josef von Arimathäa
18. Das Grab

4. Der Weg nach Emmaus

Wandbilder/Legebilder

Herstellung:

Die Figuren kopieren, bunt malen, auf Pappe kleben, ausschneiden und mit Klebefolie überziehen. (Oder gleich auf dickeres Papier kopieren, bunt malen und mit Folie
überziehen.)

Verwendung:

Die Figuren während des Erzählens
a) an eine Tür oder Wand heften, indem man auf der Rückseite Kleberöllchen aus
   Tesakrepp befestigt, die sich auch wieder leicht lösen lassen.
b) in die Mitte eines Kreises auf den Boden legen oder auf einen Tisch.
Die Erzählung sollte den Bildern angepaßt werden bzw. die Bilder dem Erzählverlauf.

Überblick:

1. Szene: Zwei Jünger auf dem Weg nach Emmaus, Jesus kommt dazu.

2. Szene: Sie erkannten ihn beim Brotbrechen.

3. Szene: Sie kehrten zurück nach Jerusalem.

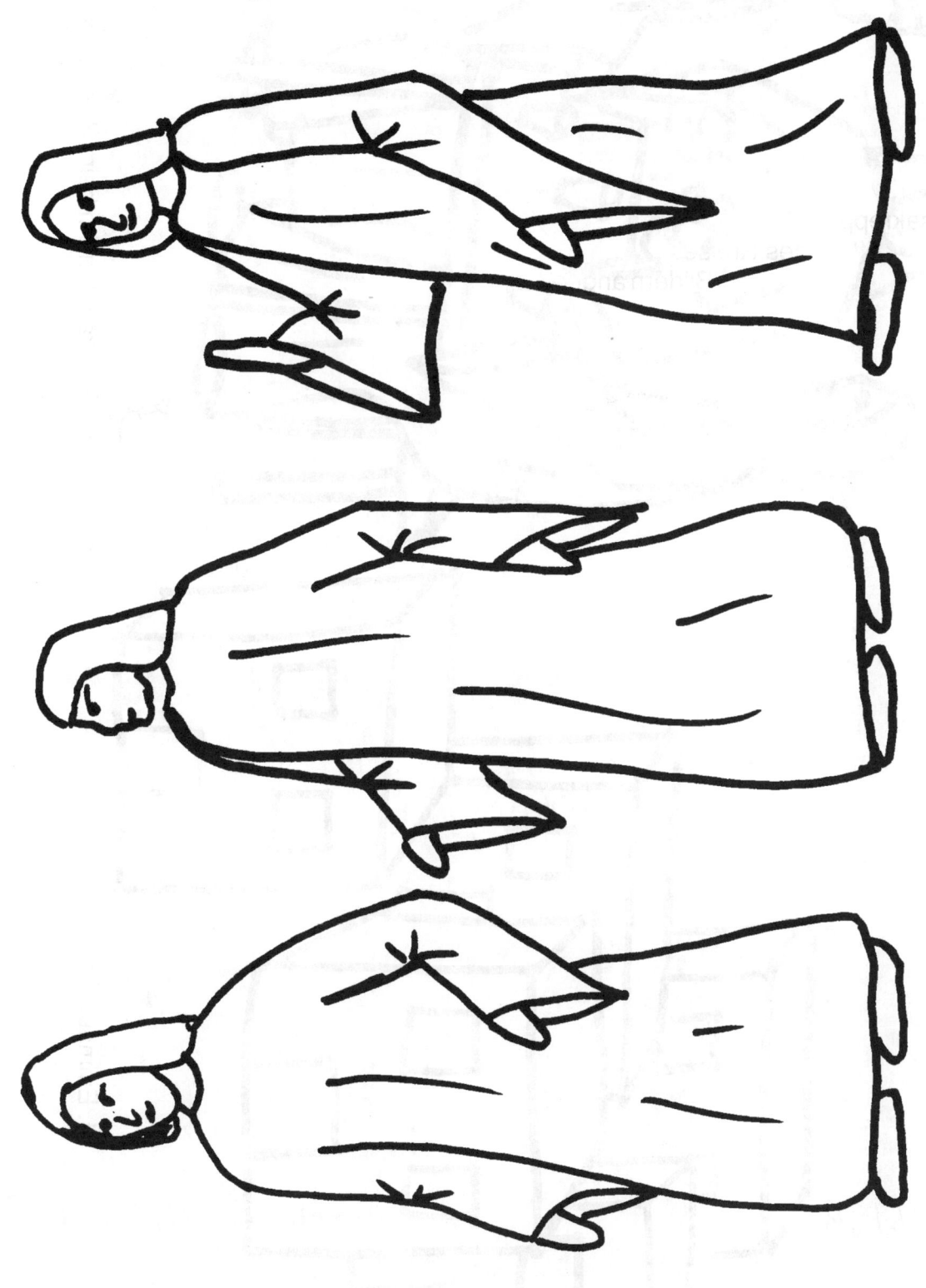

1. Erster Jünger auf dem Weg   2. Zweiter Jünger auf dem Weg   3. Jesus auf dem Weg

5. Sie erkannten ihn beim Brotbrechen

4. Emmaus

5. Die heilige Messe

Wandbilder/Legebilder und Textstreifenpuzzle

Herstellung:

– Die Figuren kopieren, bunt malen, auf Pappe kleben, ausschneiden und mit Klebefolie überziehen. (Oder gleich auf dickeres Papier kopieren, bunt malen und mit Folie überziehen.)
– Die Worte zum Ablauf der Messe auf Pappe kopieren, vergrößern und einzeln als Textstreifen ausschneiden.

Verwendung:

a) Die Hauptteile der Messe

Die Hauptteile der Messe werden dem Werkbuch auf S. 71 entsprechend anhand der Emmausgeschichte besprochen.
– Dazu können die Bilder der Emmausgeschichte *(siehe S. 97f.)* in drei Abschnitten untereinander in die Mitte gelegt werden.
– Parallel daneben werden die Kärtchen mit den drei Hauptteilen der Meßfeier *(siehe S. 100f.)* gelegt und die passenden Worte (Wortgottesdienst, Mahlfeier und Sendung) den Bildern zugeordnet.

b) Die Gliederung der Meßfeier

– Mit den Einzelfiguren und Geräten *(siehe S. 103–111)* wird der Verlauf der Meßfeier schrittweise besprochen und in der Mitte nachgelegt.
– Man kann auch zuerst unter dem Motto »Was für die Messe gebraucht wird« die Orte und Geräte, die in der Meßfeier wichtig sind (z. B. Altar, Kelch, Schale) besprechen und die entsprechenden Kärtchen in die Mitte legen.
Die Textstreifen mit den Worten zum Ablauf der Messe *(siehe S. 101f.)* können dann noch zugeordnet werden.
– Bei Kindern, die schon gut lesen können, oder mit den Eltern kann man auch nur mit den Textstreifen spielen und sie wie ein »Puzzle« in die richtige Reihenfolge bringen.

Wortgottesdienst

Mahlfeier

Sendung

Die Feier der heiligen Messe

Eröffnung

Einzug

Lied

Begrüßung

Kreuzzeichen

Besinnung und Schuldbekenntnis

Kyrie

Gloria

Tagesgebet

Wortgottesdienst

Lesung

Zwischengesang

Halleluja

Evangelium

Predigt/Ansprache

Glaubensbekenntnis

Fürbitten

Mahlfeier/Eucharistiefeier

Gabenbereitung

Gabengebet

Präfation

Sanctus

Hochgebet

Vater unser

Friedensgruß

Lamm Gottes

Kommunion

Schlußgebet

Sendung

Segen

Entlassung

Schlußlied

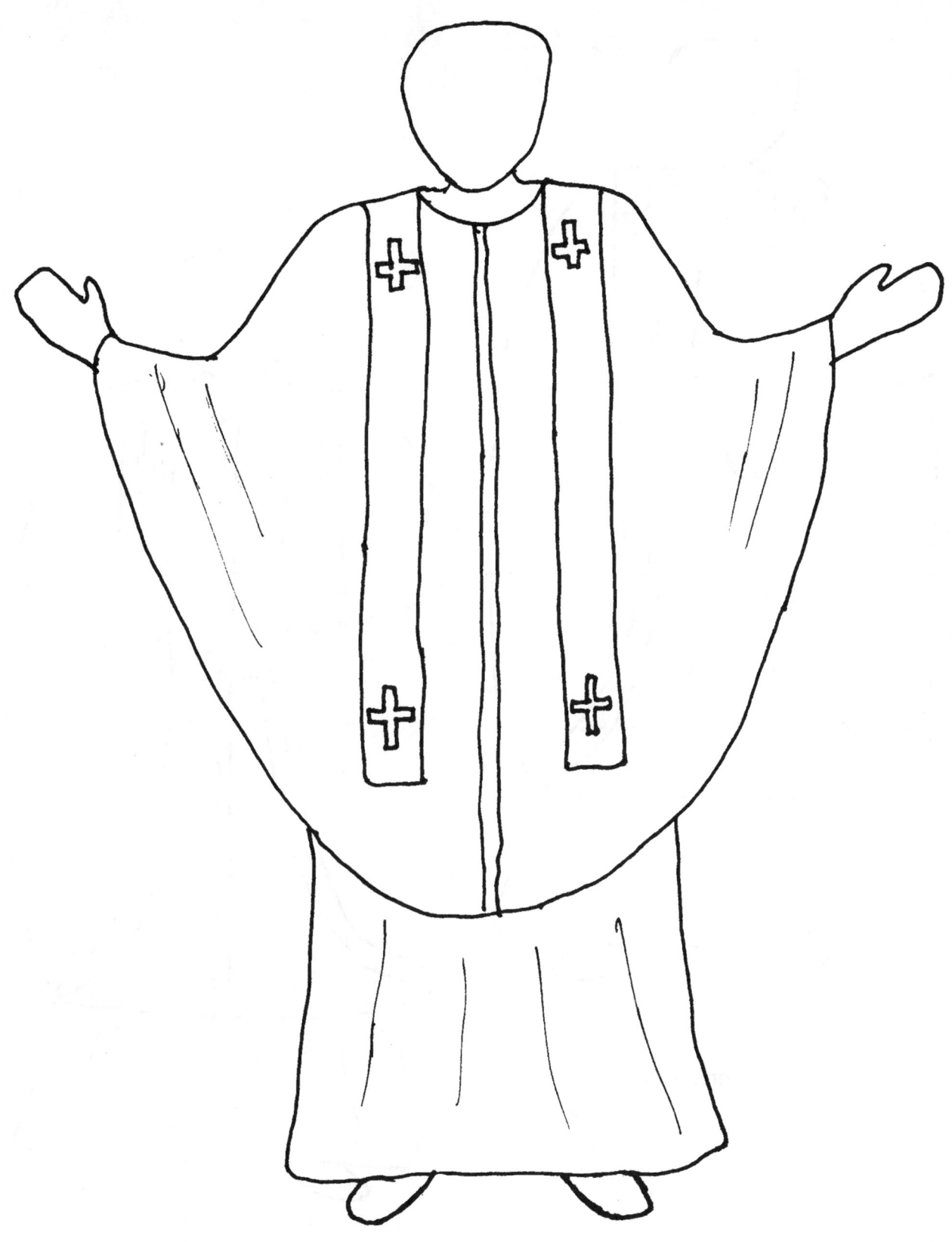

1. Betender Priester

2. Segender Priester

3. Betender Priester

4. Meßdiener/innen *(so oft herstellen, wie notwendig.)*

5. Lektor oder
   Kommunionhelfer

6. Lektorin oder
   Kommunionhelferin

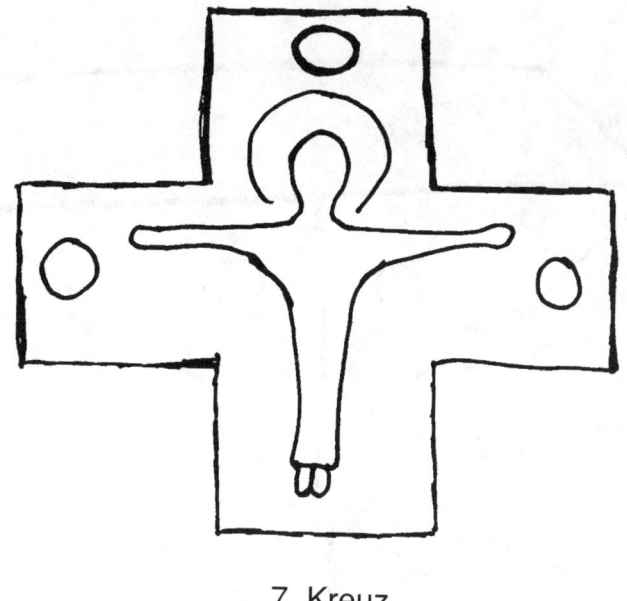

7. Kreuz

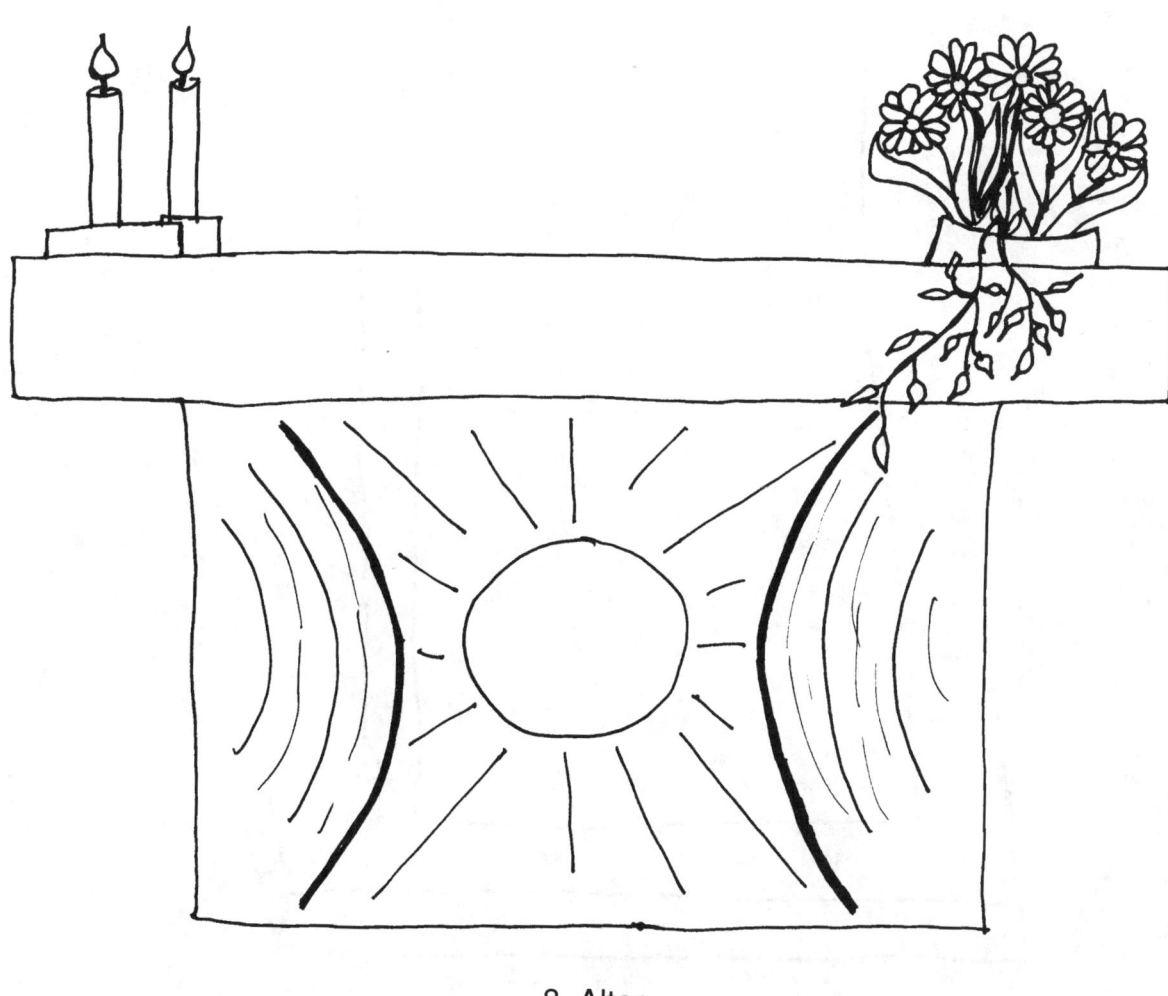

8. Altar

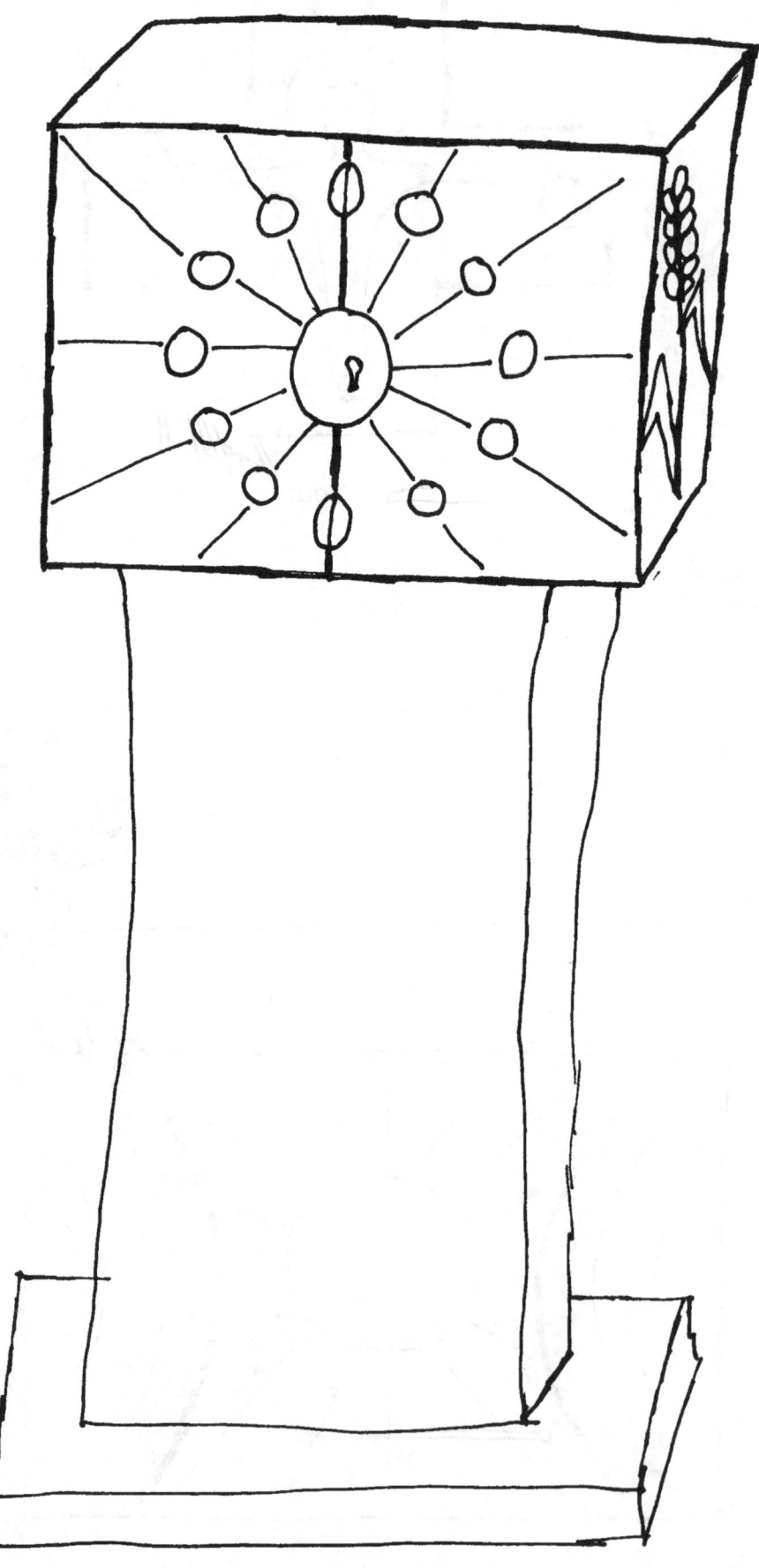

9. Tabernakel

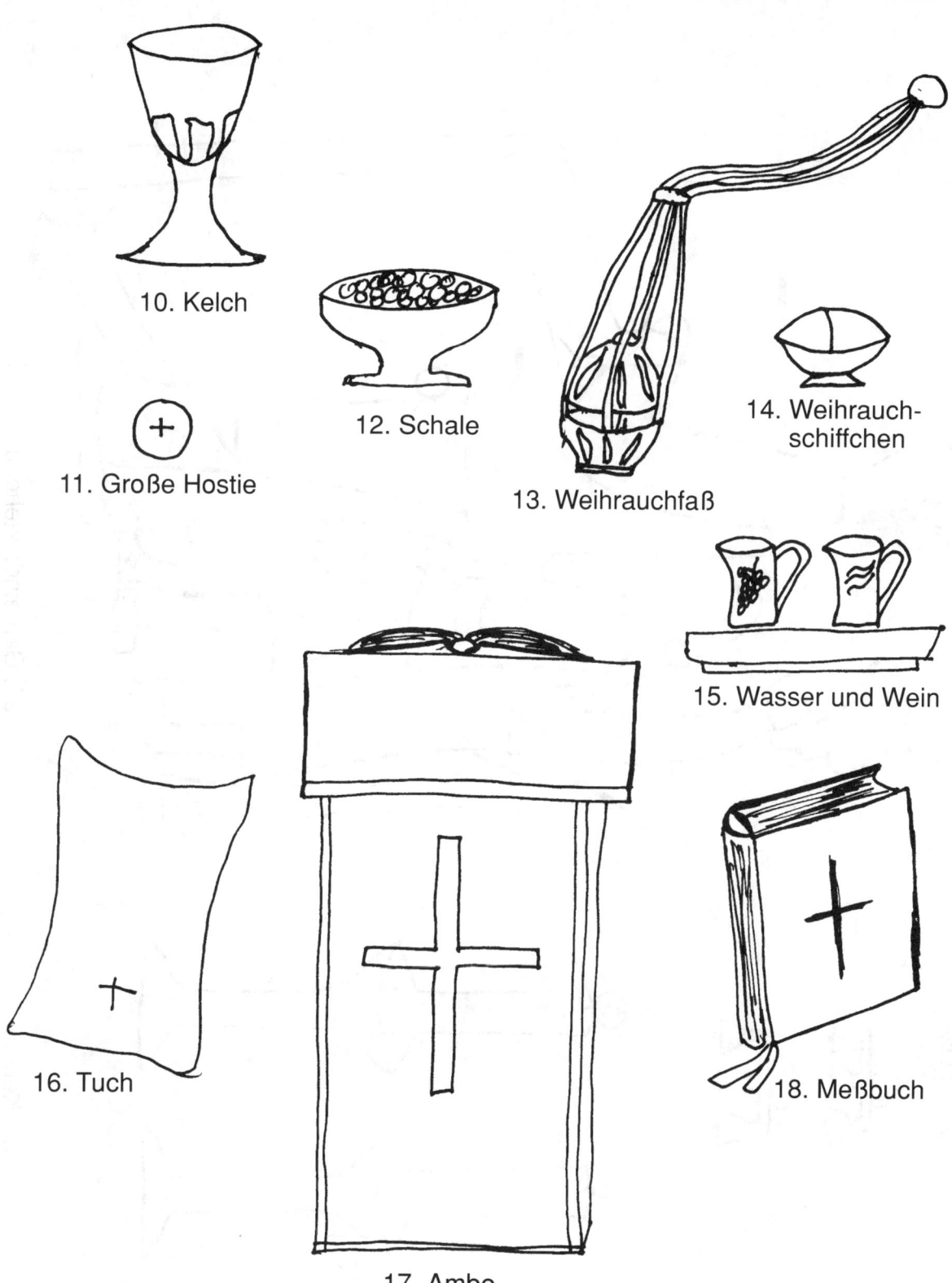

10. Kelch

11. Große Hostie

12. Schale

13. Weihrauchfaß

14. Weihrauch-
schiffchen

15. Wasser und Wein

16. Tuch

17. Ambo

18. Meßbuch

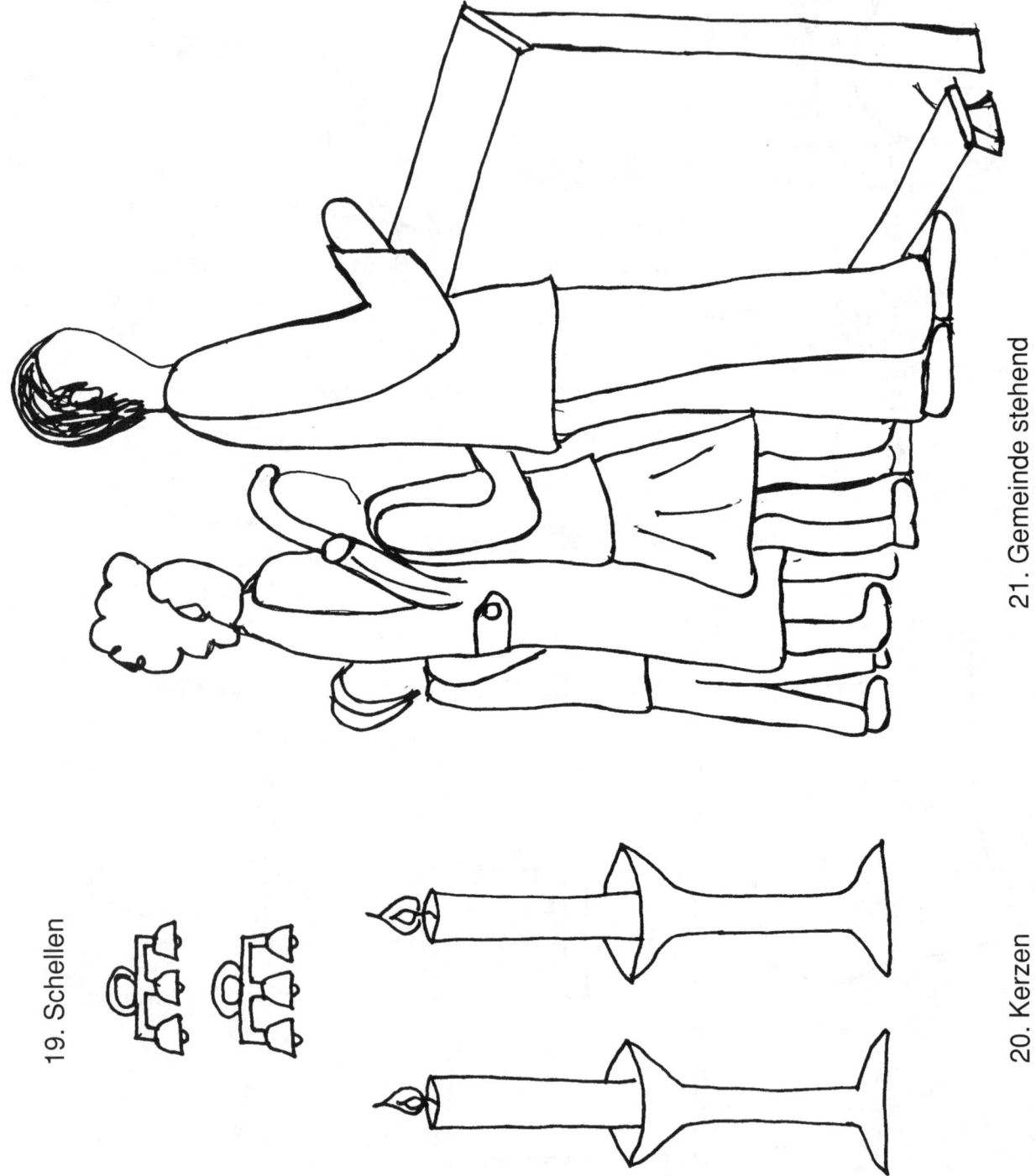

19. Schellen

20. Kerzen

21. Gemeinde stehend

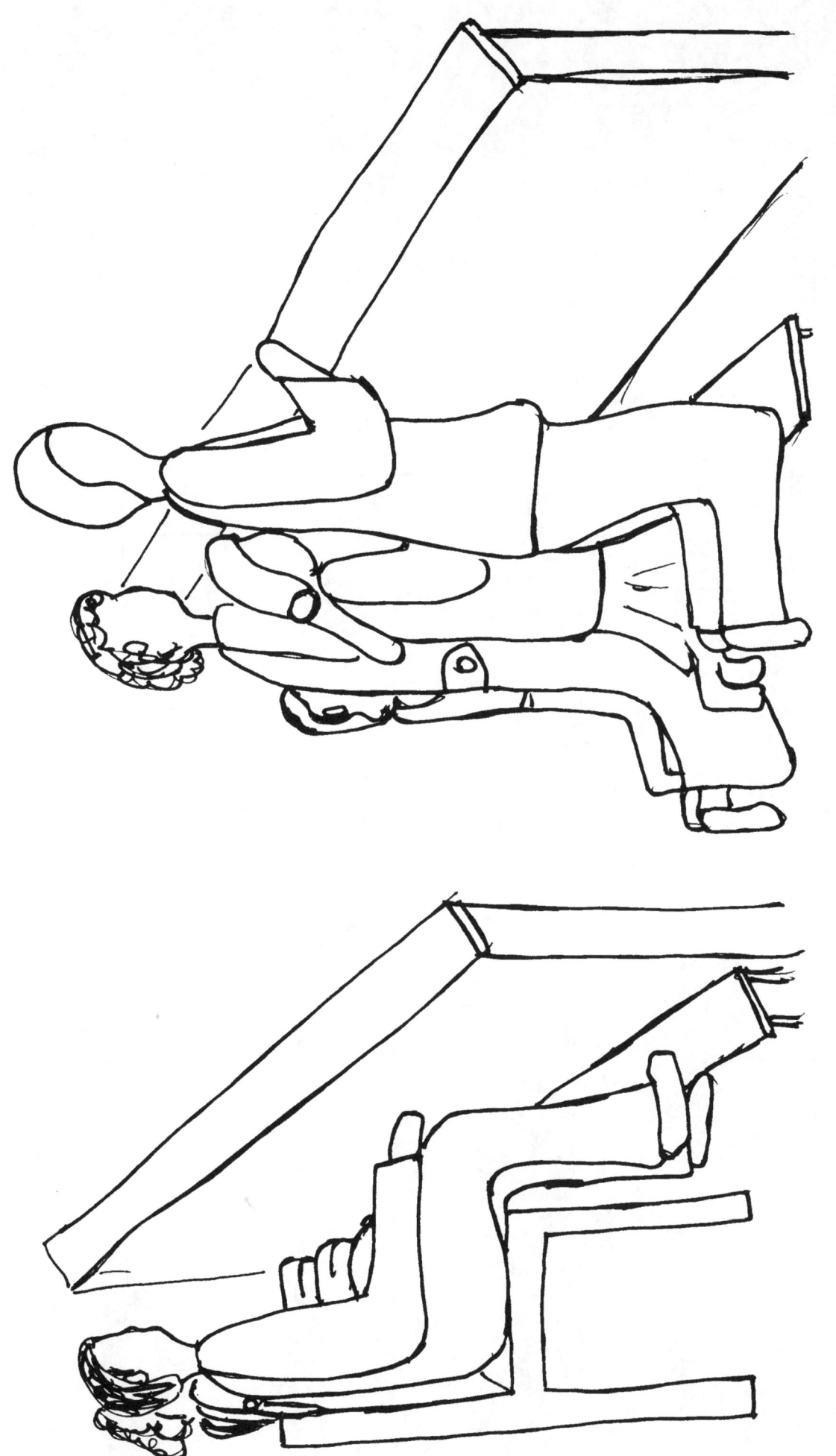

23. Gemeinde kniend

22. Gemeinde sitzend

111

Notizen